SUDOKU
스도쿠

어린이에게는 **집중력, 논리력, 추리력**을
어른에게는 **재미**와 **기억력 향상**을!!

SUDOKU
스도쿠

다온북스 편집부 엮음

다온북스
DAON BOOKS

스도쿠 소개

스도쿠는 가로세로 각각 9개씩 총 81개의 칸으로 이루어진 정사각형의 가로줄과 세로줄 안에 1~9까지의 숫자를 한 번씩만 써서 겹치지 않도록 푸는 숫자 퍼즐 게임을 말합니다. 스도쿠는 간단한 규칙만 알면 문제를 풀 수 있고, 시간과 장소 구애 없이 누구나 쉽게 풀 수 있어 전 세계적으로 무척 인기가 많습니다.

스도쿠 장점

스도쿠를 처음 푸는 사람은 문제 풀이 과정을 어려워할 수도 있습니다. 하지만 작은 네모 칸에 숫자를 한 번씩만 넣으려고 집중하고 생각하며 직접 손으로 문제를 풀어 보면서 문제를 풀 때마다 희열을 느낄 수 있습니다. 또 끊임없이 머리를 쓰기 때문에 추리력과 사고력은 물론 IQ와 EQ 향상, 치매 예방에도

도움이 된다고 알려져 성취감과 재미, 호기심이 큰 편입니다. 스도쿠는 간단한 규칙만 알면 문제를 풀 수 있고, 시간과 장소 구애 없이 누구나 쉽게 풀 수 있어 전 세계적으로 무척 인기가 많습니다.

스도쿠 푸는 요령과 규칙

아래 그림을 보면 가로, 세로 각각 9칸씩 총 81칸의 큰 사각형이 있습니다. 이 사각형의 가로(→), 세로(↓), 3X3 사각형에 1~9까지의 숫자를 한 번씩만 써서 중복되지 않게 사각형을 채우면 됩니다.

3X3 사각형

1	2	3	4	5	6	7	8	9
4	5	6					1	
7	8	9						
2								
3				7				
5			1					
6							2	
8	4		2	7				
9				5				

가로

세로

예시로 배우는 스도쿠 푸는 법

1. 같은 숫자는 쓸 수 없다.

먼저 숫자를 한 번만 써야 한다는 문제 풀이 규칙을 생각해 보면, ⓔ②의 4라는 숫자가 들어가는 칸에는 수평이나 수직 그리고 ㄴ칸에 초록색 부분으로 칠해진 곳에 4가 들어갈 수 없습니다.

	ⓐ	ⓑ	ⓒ	ⓓ	ⓔ	ⓕ	ⓖ	ⓗ	ⓘ
①	9	4		8		2	3	5	
②		7㉠	1		4㉡		2	㉢	
③	3	2		7			9	4	1
④	8	1	4		2	3		9	5
⑤	7	5㉣			8㉤		6	㉥	
⑥			2	9		5	8	1	4
⑦	1	6	3	5	9	7	4		8
⑧		8㉦		4	㉧			㉨	
⑨	4				6		1	7	

	ⓐ	ⓑ	ⓒ	ⓓ	ⓔ	ⓕ	ⓖ	ⓗ	ⓘ
①	9	4		8		2	3	5	
②		7㉠	1		4㉡		2	㉢	
③	3	2		7			9	4	1
④	8	1	4		2	3		9	5
⑤	7	5㉣			8㉤		6	㉥	
⑥			2	9		5	8	1	4
⑦	1	6	3	5	9	7	4		8
⑧		8㉦		4	㉧			㉨	
⑨	4				6		1	7	

2. 문제에서 가장 많이 보이는 숫자를 찾자!

스도쿠 문제에서 가장 많이 보이는 숫자를 먼저 찾아봅니다. 아래 예시에는 숫자 4가 가장 많고, 4가 총 8개 있습니다.

이때 ⓕ⑤ 칸은 다른 칸의 숫자와 겹치지 않으므로 여기에 4를 넣으면 됩니다.

	ⓐ	ⓑ	ⓒ	ⓓ	ⓔ	ⓕ	ⓖ	ⓗ	ⓘ
①	9	4		8		2	3	5	
②		7㉠	1		**4**㉡		2	㉢	
③	3	2		7			9	**4**	1
④	8	1	**4**		2	3		9	5
⑤	7	5㉣			8㉤		6	㉥	
⑥			2	9		5	8	1	**4**
⑦	1	6	3	5	9	7	**4**		8
⑧		8㉦		**4**	㉧			㉨	
⑨	**4**				6		1	7	

3. 숫자가 가장 적게 남은 수평 칸이나 수직 칸을 찾자!

문제를 풀 때 한 줄에 들어갈 숫자를 모두 채우는 것도 중요합니다. ㉤ 칸을 보면 빈칸에 들어갈 숫자가 3개 이하입니다. 그러니 여기에 들어갈 숫자 1, 6, 7을 빈 곳에 적어 두거나 기억하는 것이 좋습니다.

	ⓐ	ⓑ	ⓒ	ⓓ	ⓔ	ⓕ	ⓖ	ⓗ	ⓘ
①	9	4		8		2	3	5	
②		7㉠	1		4㉡		2	㉢	
③	3	2		7			9	4	1
④	8	1	4		2	3		9	5
⑤	7	5㉣			8㉤	4	6	㉥	
⑥			2	9		5	8	1	4
⑦	1	6	3	5	9	7	4		8
⑧		8㉦		4	㉧			㉨	
⑨	4				6		1	7	

4. 숫자를 채울 칸의 주변을 살펴라!

㉤ 칸 주위의 ㉡, ㉣, ㉥, ㉧ 칸에서 ㉤ 칸에 빈 숫자 1, 6, 7을 모두 찾아 체크합니다.

	ⓐ	ⓑ	ⓒ	ⓓ	ⓔ	ⓕ	ⓖ	ⓗ	ⓘ
①	9	4		8		2	3	5	
②		7㉠	1		4㉡		2	㉢	
③	3	2		7			9	4	1
④	8	1	4	6	2	3		9	5
⑤	7	5㉣		1	8㉤	4	6	㉥	
⑥			2	9	7	5	8	1	4
⑦	1	6	3	5	9	7	4		8
⑧		8㉦		4	㉧			㉨	
⑨	4				6		1	7	

①,⑥,⑦

5. 채워진 숫자들을 활용하라!

ⓓ③ 칸의 7로 인해 ⓓ의 빈칸에는 7이 들어갈 수 없습니다.

그래서 ⓔ⑥ 칸에 7이, ⓓ⑤ 칸에는 ⑤줄 선상에 있는 7과 6으로 인해 1, ⓓ④ 칸에는 남은 숫자 6이 들어갑니다.

	ⓐ	ⓑ	ⓒ	ⓓ	ⓔ	ⓕ	ⓖ	ⓗ	ⓘ
①	9	4		8		2	3	5	
②		7㉠	1		4㉡		2	㉢	
③	3	2		7			9	4	1
④	8	1	4	6	2	3		9	5
⑤	7	5㉣		1	8㉤	4	6	㉥	
⑥			2	9	7	5	8	1	4
⑦	1	6	3	5	9	7	4		8
⑧		8㉦		4	㉧			㉨	
⑨	4				6		1	7	

①,⑥,⑦

6. 한 칸이 남으면 나머지 숫자로 채우자.

문제를 풀다 보면 수평, 수직 줄 중 하나의 빈칸이 남는 경우가 생깁니다. 이럴 때는 전체 숫자 중 비어있는 숫자를 찾아 채우면 됩니다. ④ 수평줄의 빈 숫자인 7을 ⓖ⑥에 넣습니다.

	ⓐ	ⓑ	ⓒ	ⓓ	ⓔ	ⓕ	ⓖ	ⓗ	ⓘ
①	9	4		8		2	3	5	
②		7㉠	1		4㉡		2	㉢	
③	3	2		7			9	4	1
④	8	1	4	6	2	3		9	5
⑤	7	5㉣		1	8㉤	4	6	㉥	
⑥			2	9	7	5	8	1	4
⑦	1	6	3	5	9	7	4		8
⑧		8㉦		4	㉧			㉨	
⑨	4				6		1	7	

①,⑥,⑦

7. 2칸이나 4칸이 남으면 들어갈 만한 가능성이 있는 숫자를 적자!

2칸이나 4칸이 수평, 수직 줄 그리고 박스 안에 남으면, 일단 남아 있는 숫자를 작게 적어 넣습니다. ⓓ 수직 줄의 ③, ⑨번의 빈 칸에는 2, 3 숫자를

	ⓐ	ⓑ	ⓒ	ⓓ	ⓔ	ⓕ	ⓖ	ⓗ	ⓘ
①	9	4		8		2	3	5	
②		7㉠	1	②③	4㉡		2	㉢	
③	3	2		7			9	4	1
④	8	1	4	6	2	3		9	5
⑤	7	5㉣		1	8㉤	4	6	㉥	
⑥			2	9	7	5	8	1	4
⑦	1	6	3	5	9	7	4		8
⑧		8㉦		4	㉧			㉨	
⑨	4			②③	6		1	7	

①,⑥,⑦

작게 적습니다. 빈칸이 많을수록 많은 숫자를 넣습니다.

8. 주변 숫자들을 찾아 작은 숫자와 겹치는 수를 지우자!

ⓓ②의 ㉡ 칸에 숫자 2가 있으므로 ⓓ②는 3번, ⓓ⑨에는 2번이 들어가게 됩니다.

따라서 작은 숫자와 겹치는 수를 지워 정확한 숫자를 넣을 수 있습니다.

	ⓐ	ⓑ	ⓒ	ⓓ	ⓔ	ⓕ	ⓖ	ⓗ	ⓘ
①	9	4		8		2	3	5	
②		7㉠	1	3	4㉡		2	㉢	
③	3	2		7			9	4	1
④	8	1	4	6	2	3	7	9	5
⑤	7	5㉣		1	8㉤	4	6	㉥	
⑥			2	9	7	5	8	1	4
⑦	1	6	3	5	9	7	4		8
⑧		8㉦		4	㉧			㉨	
⑨	4			2	6		1	7	

9. 앞에 나온 방법들을 반복한다.

앞에서 설명한 방법들을 조합해 빈칸의 수평이나 수직에서 겹치는 숫자들을 관찰하거나 발견한 힌트를 차례대로 풉니다.

001

DATE. ______________ TIME. ______________

5							1	
	1		2		8			
9		2				6		8
	4	8	9				5	6
2			3	7		4	8	1
3		1			6	2		
			1	9		8	6	5
	7		5					3
		5			3			

002

DATE. ______________ TIME. ______________

6						7		
				6		1	3	2
	1	5	9		2	8		
	8			7	4		9	
			1				4	3
		2					7	
		8	3		7			
		9		1		3		
		1						

003

DATE. ____________ TIME. ____________

6						9		
					1			2
2	4		9				8	
				2	6	7		
						2	4	
8								
				7	8	6		
		1	4				9	
	7		5	6				

004

DATE. ____________ TIME. ____________

	2				8			4
					2			
	1	4		5				
		5						6
		2				7		
					6		8	2
8	7						3	
	9		4					
			3			1		9

005

DATE. ________________ TIME. ________________

		2	7		3			
	5	3		4	6		1	9
8					2			
1		5				7	4	2
3		4	9		1		5	
							9	1
5				3		1	2	7
					7			
	3	7			4	8		5

006

DATE. ____________ TIME. ____________

		1		5			8	
9			2	1		4		
		2	4	7				
	2		5			8		
			1				4	
4							6	2
				9	4	5		
	9							
8	3						2	1

007

DATE. ______________ TIME. ______________

	2	1			4			
						7	8	
			7		5	2		
5					1			
9				3			2	
			2			8		
					9			
	5		8			3		
	9						5	1

008

DATE. ____________ TIME. ____________

9								2
	7		1					
				8			4	
			3	2	8			9
7				9				
		1			5		3	
		4			9	3	8	
			2					
							7	5

009

DATE. ____________ TIME. ____________

1			8	5	2			
5		8					9	
7						8		1
		3			5	9	7	2
9		2	7		6		8	
8	7			3	9			6
		1	9	4	8	7		3
				6				
			1					8

010

DATE. ______________ TIME. ______________

5					2			
	1			9			2	7
			8			6		
		1	9		4			
		4		5				
6						7		4
3			1			2	6	
		6	3	2				
9	7			6			4	

011

DATE. ____________ TIME. ____________

3	4					2		1
			2	1		6		7
					5			
				3	8			
	6	4						
			7					
2				6			3	
			1					2
1	5			4				6

012

DATE. ________________ TIME. ________________

3	9			1				
			3		2			5
								7
5						2		3
				6				
		8		4	9		1	
1	8							
				7			8	
		4			6		3	

013

DATE. ____________ TIME. ____________

7	2	4			8			
5	9			6	4		2	8
1		8					4	
		1		5				
				8	2		3	5
	5				6			2
3	1	2	9				7	
		9	8		1			
4				7		2	1	

014

DATE. ____________ TIME. ____________

			1		3			
5		2					9	6
3								
2				8	1	5		
		5	2			7	8	
9	5	3		7	4			2
		7			6			9
6			5					

015

DATE. ______________ TIME. ______________

		9		6		3		
7					1			
	8		7				6	
2							7	8
1	6			3				
	9			8	5			
				9				2
4			6					3

016

DATE. ______________ TIME. ______________

				1		8		
3			4					9
						4	7	
		9						
2								5
		4	5				9	2
					1	7		
	1				6			3
	8	7		3				

017

DATE. ______________ TIME. ______________

	2	3		6				1
				4		3	8	2
1				9	3	6		
	7							
				2	5	1	6	
						4		8
7	5		3					9
			4					
2	8							

018

DATE. ____________ TIME. ____________

						9		3
	5		3				8	
				8	2	4		5
5			1	2		6	9	
			6					
		9			5			
6		2	4	1		5		
				6		3		
	7			5		2		

019

DATE. ________________ TIME. ________________

	3	6	2					9
9			7					
				1		4	5	
			6				1	
3	1							
	8							4
		7	5		9			
		9		7	6	3		1

020

DATE. ______________ TIME. ______________

		8				9	5	
		5	6	2			7	
2				7			1	
				4		3		
							9	8
		6	3			7		
	1						2	9
					8			7
			1					

021

DATE. ________________ TIME. ________________

			4	8	1			3
	9		6			2		
	3	5						
7	2							
	8		1		5			
		6			9		4	8
				1		5		6
6		3	8		2			
							7	2

022

DATE. ____________ TIME. ____________

4				3	2			
				1				
	7		4					5
		8		4				7
	4	1	8		5		3	
7	9					4		
8								
	1	6	7			2		
	3			2	1			4

023

DATE. ____________ TIME. ____________

			2					6
			3	4	1			
								7
8	3						4	9
7					3			
	2	9			6			
	7			5				
		4				1	2	
		5	1			3		

024

DATE. ____________________ TIME. ____________________

						9		
	3		2		4			
	4				8	5	6	
		6			5			
		9	3			6		
	5	8						
7				8			4	
		3	7					
	9						3	

025

DATE. ______________ TIME. ______________

		7	5		3	6	8	
8				1		3	7	
	3		9	8				
	6	4	2	3			1	8
					6	7		2
	2							6
	1	9						
					8	4		
5		3			9	1		

026

DATE. ____________ TIME. ____________

		6	4			5	8	
5				1			2	
		8		2				9
	9				4	6		
2							9	
6					9			5
7						9		
	4	9		6	5	7		
	8			9				

027

DATE. ____________ TIME. ____________

	3							9
	1							
		4		2			1	
				1		9	8	6
						7		
5					3			
6	7				5	3	2	
			3				7	
4					8			

028

DATE. ____________ TIME. ____________

		5		3		6		2
	7		8					5
	4							
2					4			
		8			7			6
		7				3		
				2				
	6				5	9		
		4	7				3	

029

DATE. ____________ TIME. ____________

			7	8	2			
3		7	9					8
5			4		3		7	
1		9	2		7	6	8	
	2				6			7
6		5		3		4	9	2
		6						
	4			2	5			
		3		1	4			9

030

DATE. ________________ TIME. ________________

	8		9					
		4			2	9	7	
	3		6					4
								1
			8	3	1		9	
6		9					4	
3		2					6	
			1			3	2	9
		6		7			8	

031

DATE. ____________ TIME. ____________

			9					5
7	8			1				
4			7	2				
6	5		2				4	
						9		
3		2		5				
					1			9
2					4			
	7	6						1

032

DATE. ________________ TIME. ________________

	4		3				7	
		9				6		1
2				4				
	9			1	7			
		5						
	7			3		9		
	3		5				1	4
							8	
			2					

033

DATE. ____________ TIME. ____________

4	9						6	5
1	3					4	9	7
5	6			4	9	3		2
	4			9				
							5	4
2	1			6	4			
3		4			6		1	
	7			3				
	2	1	7	5	8			

034

DATE. ____________________ TIME. ____________________

	2			3			6	4
5								
4	6	8		2				3
6					1			
	1			5		6	7	
		2						
	7	1	5					2
2	3					8		5
					8			6

035

DATE. ____________ TIME. ____________

	5	1	7	3				
6		3						
								4
7	8					5		9
					6		2	7
	3			2				
9				5		7		
	7				8			
						2	4	

036

DATE. ______________ TIME. ______________

5				9	6			7
3								
	8		2		7		9	
8			4	5				
	7					8		
		4			3		1	
		8						5
				6				
	6			4				1

037

DATE. ____________________ TIME. ____________________

		2		1			7	6
	6		2		4	5	3	9
	5	6			1		8	
	9	7	5					
2	1	8	7			9		5
			9		8			2
							9	
	2	4		5	6		1	

038

DATE. ____________ TIME. ____________

	6				7			5
				2			8	4
	4						3	
	2							
6	8				1	3		
9		7				4		
			2	3		9		
1		3		9				
		8		4				

039

DATE. ______________ TIME. ______________

	9							
	6	3			5			
		4	1		3	9		
	2						7	5
	1				8	3		
			2					
		5	7	2				9
			6				1	
		1				8		

040

DATE. ____________ TIME. ____________

	6		9			3		
4						9		7
		7						4
					7			
8		1						
	2						4	3
				2			8	
		9	7	8				
	4			6			5	1

041

DATE. ______________ TIME. ______________

		1			7			8
7	8	2		1				6
4	9		8	3				
	3						6	4
		4	3	6	1			5
		5					8	1
5			7		8			
			9		6	1	5	
			1			8		2

042

DATE. ____________ TIME. ____________

	4	8	2					
5	6			8	4			
2			1	3	6	4		
	8						5	2
						7		
4			3		5			
	5		8			9		
					2			
	7	2			1			3

043

DATE. ______________ TIME. ______________

	2		9					
			1				8	5
9		5						6
4	8	1	2					
		2						
	7			4				9
		4		6			1	
3					8			
2							7	

044

DATE. ____________ TIME. ____________

	6	7	5					
		9	4				7	
		5						6
	9							8
		1	3		2		5	
1				3				
		2			6	3	9	
	5					4		

045

DATE. ______________ TIME. ______________

8				1	7	5		2
		6		2			8	4
	5	2		8	4			
6				9		1	4	
	2							
7				4	5			3
						4	2	
4	6				1	9		8
		9	4	5	8			7

046

DATE. ____________ TIME. ____________

4	8			9	5	7		6
	5			1				
9				6		2		
					7	5		4
			3					
5		2		8			1	
7	6	4			9			
				7	2			
			5		8			

047

DATE. ____________ TIME. ____________

						9		
							5	6
		1	3					
8	2				4			
6					7		9	
	5		2					7
9	6				2			
					9	4		2
1				5	6			

048

DATE. ____________ TIME. ____________

9	5	7	2					
			5	9				7
	6							
		5						1
			7					9
		1		4	6			
6				1		8		
	2		8					
		4					2	

049

DATE. ____________ TIME. ____________

	3			9	5			
2				3	4		8	5
		4		8			2	1
		1			6	3	5	8
	8		3		1	9	7	
			9				4	
1	4	2	8	6		5		7
7	9		1					

050

DATE. ____________ TIME. ____________

6			9					
		1	8		4	7		
	5			6				
	7	6	5			1		
	8	4					3	
9			3					
7	6							4
			4	7			8	
		3	1	8			9	

051

DATE. ____________ TIME. ____________

			8			9		
		7		6				8
	2							
	1			5				
		3				7	4	
2	9			1				3
	6				2			
1	3	8						
			1	4			3	

052

DATE. ______________ TIME. ______________

			5			1		3
6		8	4					9
		7						
		6					1	7
					2	4		
				4				
			1	3				
4		3		2	8	9		
8								5

053

DATE. ______________ TIME. ______________

						1		
4	2							8
			5		3			
7	9			3	2	6		5
	6	4	9		1	8		
	1							9
6				2		3		
	5				9			
3			1	5		9	6	2

054

DATE. ______________ TIME. ______________

		6				7		
8			5	7	4			9
	4			1				
	8				9			
					6			
3						8	6	7
						5	1	2
			9			4		
7				3				

055

DATE. ____________________ TIME. ____________________

								7
	2			8				
	5	8	1		6			3
		1				5		9
		6			1	2		
	9				3		8	
5							7	8
9	7			4				

056

DATE. ____________ TIME. ____________

	8						7	3
			6					
			7	1				5
		3		2	8			
5			9					1
							3	
					2	4	9	
1					4			
		4		5		1		7

057

DATE. ____________ TIME. ____________

	8		7	1				3
5	7	2	9		4			
6		1			8		4	
			1				3	
8		7	4	9	3			6
1	5		8		7	4		
	1	4						5
	6	8				2		
3							8	

058

DATE. ______________ TIME. ______________

9	7	2			4	1		
		8						
			1					9
					7			
3					5	7		
	6					8		
	1			8				5
2		4		1		3	6	
7					6			4

059

DATE. ______________ TIME. ______________

8	5		7			6		
					2	1		
	6						7	2
3	8		2		1			
		9	6	7				4
							5	
9								
	7							
					4		8	

060

DATE. ____________________ TIME. ____________________

			4					
6		2						
7					5			9
	4				7			5
	3		2			7		
	7					1	2	
	1			7				
			8			3		4
					9			2

061

DATE. ____________ TIME. ____________

5	7	9			6	2	3	
		8	7	5				
			9	3		7		
1			5		8			
	2			6	7	8	4	
		4					6	
9	6			7	1		8	3
4			3				9	
8		3	6					

062

DATE. ______________ TIME. ______________

7			4			6		
			5		2			
	5			9	1			
		8			3	7	1	
								2
4		1	6	7		3		
					6			
6	4			5		8		
1	9			2				6

063

DATE. ______________ TIME. ______________

2						8		
		1	3		9			5
					4			
	3				5		1	
1							3	7
9								2
				7		2		
		5	2		3		7	
				8	6			

064

DATE. ______________ TIME. ______________

2	3			1				
					8		6	
								7
9				2	7	4	3	
	1				6		8	
			4					6
		4					2	
			2	9		3	1	4

065

DATE. ____________ TIME. ____________

	5	4	7				8	
2			9					
3						2	6	
4		2	6	1				
1		3		5		6		
6	7		4		9			2
					2	7	1	
					8	4	9	
7					4			6

066

DATE. ____________ TIME. ____________

	3	8		9	7	2		
1		7						8
							4	
	2			1	3	6		
5					6		2	4
				6	9	3	8	
								6
6							5	1

067

DATE. ____________ TIME. ____________

	9							
				3		6		
5				4	9			
					7	5		3
	5			8			1	
	2	8			4			
		6			5	3		8
3					8	4	9	

068

DATE. ____________ TIME. ____________

8	7							
9				5				
1					9	8	3	
		7						9
	3	5	6			2		
	6		3				5	
					1			4
					5		7	1

069

DATE. ______________ TIME. ______________

		9		3	1		5	
	6	8			7			3
4		5	2		6			7
9	7		8	6				
8	5			2	4			9
2	4					8		1
	9							
6		7			5	9	1	
		4	6					

070

DATE. ______________ TIME. ______________

7	4		5	6	9			
		8	2					
				3				4
		7			6	5		1
				5				
6			7			2		
9					1	3		
3	7		8					5
4		6					1	

071

DATE. ____________ TIME. ____________

8			1					2
9	2				7			
			4			7		
3		4	5	1		2		
	5		2	8		4		
			8				4	
				3	6			1
		5						

072

DATE. ____________ TIME. ____________

		8			3	7		
3		5		7	6			
9			2					
			1					
		2		6			4	5
							3	
	8	6						7
			5	4				9
						1		

073

DATE. ______________ TIME. ______________

		1						
		7	6	2		4	9	8
	2	4		8	9			
	4	3				8	5	2
					4		7	9
7		2	1		8	3		
				6			3	
2		8				9	6	1
3	6				2			

074

DATE. ____________ TIME. ____________

							5	3
4	2			5				
8			9	1		6	2	
3				2	1			
		2			8		3	
1			6				9	
	6				7			
			3	6		2		
		4				7	1	

075

DATE. ____________ TIME. ____________

	1			8			3	
		4		9		2		
					7		6	
6			7				1	2
		8	6	3				
4			5					8
			2			7		
								1
3						5		

076

DATE. ________________ TIME. ________________

		8		1				
	1		5	4				
	7					8		
6			4					
4		2					5	7
				3				1
		5	1			9		
7	9							
			6				3	

077

DATE. ____________ TIME. ____________

		2		5				7
			2		7		6	
3	7			9				
				4	9	7		
			3	2		5	8	6
	3		7	6				4
6	5	3					1	8
2			4					
4	8	9	6			2		3

078

DATE. ____________ TIME. ____________

						5		
3					6		7	4
5	9	2	7	1			8	
			8	7				1
6				2				
	5	1			9	4		
	3	5		6				
	7					1		
						9		5

079

DATE. ____________ TIME. ____________

							3	
		4		1			8	
2			6	3				
					6			
	6		7					
						1		2
	2	1		9		8		
	8	7			1			
3			4	2		9		

080

DATE. ______________ TIME. ______________

		1					9	
		9		6		7		
3		2		5				
			9			2		
					2			
				8			1	
	5		6					3
	6			7		5		2
		3						4

081

DATE. ____________ TIME. ____________

7			3	2		4		6
3		5	4		6	7	9	1
				1				
8	5							
						9	7	5
	7		1		5		3	4
	9	8			4	5	6	
5					1		8	9
		7					4	

082

DATE. ____________ TIME. ____________

	6	8					1	
	4				7			
		5	3		1	8		
	8							
4			2	8	6		3	
9					5			
6		7					2	4
	9	2		5			7	
	3						8	

083

DATE. ______________ TIME. ______________

		6			8			5
5								
						2	1	9
	8			4	2	7		
7				9		6		
					3			
						4		
		3	4					
			6				7	1

084

DATE. ______________ TIME. ______________

				8		4	5	3
	6	8						
						8	4	
5		9			2		7	
					9		6	
			5		1			
4	7	1		6				8
	9							

085

DATE. ____________ TIME. ____________

	8	5					1	6
2		3		1				
	6					9		5
1		4		2	9		8	
	7				3		5	4
8					4		9	
3					2			1
	1				6	2	4	
6				4		5	3	

086

DATE. ________________ TIME. ________________

						5		
5		2		4		6		
	3				5		1	
		4	5					7
3				8	6		2	
		5		2	9		6	
7				3	4			
						9		
2	9		6					8

087

DATE. ______________ TIME. ______________

1							8	3
7	6		4	1				
				5				1
			5					8
		4				5		
	9				8	2		
	2			9				
						6	2	
5			1				7	

088

DATE. ______________ TIME. ______________

				2				
6					8	3		
	3						4	1
						9		5
			1		4			7
			2		3	4	1	
1	7	4						
						5	2	6

089

DATE. ______________ TIME. ______________

8	9				7	6	4	5
					5			
5		1	8				9	7
			7	9			1	
9	1	8		4	3	5		
7		2			1			
	3	5	4					
	6		3		8	2		
1					6			4

090

DATE. ____________ TIME. ____________

9			8					1
		1				7		2
				4				
6	5		3	1			7	
		3	9	2		6		
		4		5			8	
	3							7
	6			3			5	
		7	5			1		

091

DATE. ________________ TIME. ________________

				8		3		
	3	7		2		6		
	6						2	
		9	5			2		
5								
8					7		9	
			7	4	9			
						7		
		3	8			5	6	

092

DATE. ________________ TIME. ________________

7	9							5
			6				8	3
					4			
6					2	4		1
4							2	
		8						
		3					9	
	1		5				3	
			1		6	2		

093

DATE. ____________ TIME. ____________

	4				2			8
		8	3		9			
5	2				6	1	4	
4		1				8	3	
			4		7	9		
							2	5
6	3	4				2		9
8			6	9	4	3		
		5	2	3				

094

DATE. ____________ TIME. ____________

2			6					
					8			
3		8			7			5
						7		
		5			1	2		
7	2	3				8	5	1
5		2		4			8	
			8	3			6	
6			9					2

095

DATE. ______________ TIME. ______________

							5	
	8	7			6	3		
	5	3	4					7
		2		9				
3					4			
				5			8	
								9
	6	9			7	2		
	3			1		5		

096

DATE. ____________ TIME. ____________

3							1	
			6	1		5		
9				7		2		
			5					
		6						
		2	4					8
2		7						9
						8		3
1	5				7		6	

097

DATE. ____________ TIME. ____________

3			5			9	8	1
		9				3	4	2
	4			3				
	2	5	9			7		3
		3	1				2	
		4			3	8		5
		1	4			2	5	
	5			9	2		3	8
		8						6

098

DATE. ______________ TIME. ______________

7		8	3			2		5
	3							
					9			
		1				7		9
				1			5	
		5			6			
5			6		3	8	9	
3	6		9	7				
4								3

099

DATE. ____________ TIME. ____________

		5	7				9	
		9				3		
			6		3			8
8	1		4	6	5			
					1			
								6
	2							5
		7		3		2		
		4	9	8				

100

DATE. ____________ TIME. ____________

	6		5	4				
	3					7		
					8	5		
1								
		7				9	4	
			7		3			5
		6			1			3
	9		6					
	4			2			8	

101

DATE. ____________ TIME. ____________

1				3				6
6			1	9	2		8	4
			6	5	8	1		
4	1							7
			4					2
3			8	7	5			
	8	1			3		7	
		7	9		1		4	
9	4				7			5

102

DATE. ____________ TIME. ____________

8			1		6			
	7			4			9	
2						6		
1		4						5
7		6					4	3
				7	4			
				6		8		
		2	9	5		4		6
5				8		2		

103

DATE. ____________ TIME. ____________

7		5			2			
2			9					8
	9				3	1		
						8		4
		3	5					
	8			9		6	7	
							4	
1			6					
5				2				7

104

DATE. ____________ TIME. ____________

	3		2		7			
9						2		
						6		1
					8			9
4		2				3		
		6		5				
	6						7	
1	2		8		9			
	7	8						

105

DATE. ____________ TIME. ____________

	3	5			7		8	4
1			2	4			3	5
		4			3		9	
9				1		4		8
4		7	8					
	6		4				7	
				6		8		2
		2	3	8				
5	4			7	2			1

106

DATE. ____________ TIME. ____________

		1		7				8
8				5		2	9	7
	7			6	3		1	
					5		6	
								3
	2					7		
				9	8			
					7	8	4	
	6		4			5		1

107

DATE. ____________ TIME. ____________

		5						
9			2				4	3
	6		4					
		9			5	6		7
								4
			7			5		
		7	3		2			
2				9				
8						7		6

108

DATE. ________________ TIME. ________________

4						6		8
				9	7			
		6		5				
				1			7	
2			8					
8		5						4
	3				1	7		9
			5	3			2	
							4	

109

DATE. ____________ TIME. ____________

	2		7					5
4				8	1		7	2
3		7	2				8	
				6	2		9	1
	5			1				
1	3	6		7		2	4	
	8				7	6		9
			6				1	7
6			4					3

110

DATE. ________ TIME. ________

				8	6			
			3					
	5				1	2		4
	1				4			
	9	2						
5			2					6
	7				8		3	
8		3		7			9	
	2					1		

111

DATE. ____________ TIME. ____________

	8			1	3			
	4		7					5
7								
9				5		2		7
		6		8	9	5		
		4						
					7		9	
					2		1	6
	3	8						

112

DATE. ____________ TIME. ____________

	7		8	3	1			
6					7			3
							5	4
	5	8	1			4		
		1					2	
3								
		5	3	2				7
								8
	9					6		

113

DATE. ____________ TIME. ____________

		5						9
8	9		4			3		
				7		2	4	8
	8			3				
7		9			1			3
3	1		5	9				
	7	2				6		
			6			1	3	
	3				9		8	2

114

DATE. ________________ TIME. ________________

			5	6		2		
			4					
4				7	8			
	7	9		5		8	4	
1		4	2					
						9		7
		6						
		1			9	6	7	
				4	3			5

115

DATE. ______________ TIME. ______________

2			5				8	3
		4			1	7		
			8	6		2		
3	9							
			4	5			2	
					7			
	6				9			
7							4	
								5

116

DATE. ____________ TIME. ____________

			4		9		8	6
	6						4	7
1	2							
3		5	7					
						6	7	
			3					
6			9			4		
8				1			2	
			5					

117

DATE. ______________ TIME. ______________

4		6	5					
	1	8	3		2		6	
3				8	1	7		
2	8			6				1
9		4	1	2	7			6
	6	1	9		8			
							3	
	4	3					5	
	9		2	1				4

118

DATE. ________________ TIME. ________________

		5	4			8		
4		1			5			
6				2				
			1	4				6
	9			5				
	1	6		3		7	4	
	3				1		8	2
	6				4			
			9		2	5		

119

DATE. ________________ TIME. ________________

3		5	1			9		
	9	4				5	6	
8				4		1		
				6				
			5			7	9	
			3					
	7							
		9		3			8	
				7		2	3	

120

DATE. ______________ TIME. ______________

2				1			5	
7		8			6	2		
				9			4	
	4							8
5		7	4					
			3	6				
						5		
	3						2	
6			8					9

121

DATE. ____________ TIME. ____________

2	3			4		7	6	9
	9				6		1	
7				9	5			
8		3		1				5
6			5		3			
	4		8	2				
3		7				2		8
	8	2		5				6
1	6	4					5	

122

DATE. ____________ TIME. ____________

		4			2			
1		3	8			5		
6			1		5		4	
7			6		9			
	2							
				3				
	4						6	3
	9	7				4		
		5			1	9		

123

DATE. ____________ TIME. ____________

2	1			3				9
	6					4	7	5
				6				
	9		3	8		1		
						3	2	4
		6			4			8
	3	7			1			2

124

DATE. ________________ TIME. ________________

					9		8	
		1						
			4	2			9	1
7	3			1		5		
		2		4	6		3	
		5						
				9		6		
5					3			7
2								9

125

DATE. ______________ TIME. ______________

4			7					2
7	9		6	1		5		8
	3			2			1	
		9	3	5			6	
			2	6				1
2			4					5
3		5		7				9
9	8			4	2		5	
		4		9		8		

126

DATE. ______________ TIME. ______________

3	9	1						2
							3	
				6	9		7	
	2			7				
4			2					7
		3		1				
		5			4	9		
		6	9			7	4	1
9						3	6	

127

DATE. ______________ TIME. ______________

9	3	7						
			1					
					8		3	4
				7				
8							9	
		5	6		2			8
	7		5		4		1	
					6			9
		4			9		2	

128

DATE. ____________ TIME. ____________

		1	7		4		6	
7						9		
		4	1		8			2
	1	8				4		
				2				7
	5			3				
							3	
9	4				5			
			2					

129

DATE. ______________ TIME. ______________

	6	2		3		9		
					2			8
	1		7	9				
7			8		3	6	9	1
						4	8	2
2		1			6	7		5
6		4	3	1	7			9
		9	6					
		7		8		5		

130

DATE. ____________ TIME. ____________

	9			8			4	
								8
				5			7	
8		1				4		
		5			9			
	6			1	3		2	
7	1				6		8	2
	8		2		1		9	
4						7	6	

131

DATE. ____________ TIME. ____________

				2				9
5							4	
		3			7			
		1		7	8	2		5
	7							
		9				1	3	
3								
	1	7		4			6	
	2		6	9				

132

DATE. ____________ TIME. ____________

				7		9		
					2	5		
		2	9		5			6
4						8		
6					9			7
	3			2				
			5					
7								2
		9		4	8			3

133

DATE. ____________ TIME. ____________

2		3		6		5		
7	8			5				
1				3	4			
					1	8		
		8		2	6	4	1	
	1			7	8			
	6	4	2			7		
5	7		9	8				4
			6			2		9

134

DATE. ____________________ TIME. ____________________

4	5				6			
	8		4	5				
	2		1				6	
								1
3	9			2				
	1	5	7	6			3	
8					9		1	
			6		8		9	4
	7	1						

135

DATE. ____________ TIME. ____________

6								
			8		1			
	1				2	5	7	
	7		2	5			1	
	3							
						7	9	
	5	7		4		1		
9	6							5
		4				8		

136

DATE. ________________ TIME. ________________

				9				5
		8				3		
				6			1	
							9	6
2	7				4			3
3		9		2			5	
				8	3			2
					6			
	8		1					

137

DATE. ______________ TIME. ______________

5							1	
	1	3			9	4		6
7				4			3	9
	9	4		2	1		8	7
3	8						6	
	7		3					
4						8		
	5	7			8	6	2	
				3	7		4	

138

DATE. ______________ TIME. ______________

		5	7					
		1				8		
4			8	9				
				7			6	2
7			2					3
9				1	8			7
		9	4		2			
8								9
	2	6	5					

139

DATE. ____________ TIME. ____________

9	4				2			
				7				6
6		1	3					
						5		
5			9			3	8	
	9				1			
	7						1	4
					4	8		5
	1				3			

140

DATE. ______________ TIME. ______________

							7	
			7	6	8			
4	2			9		3		
				5		1	4	
	6				9			
	9						8	
		8	6	3				
		3		4		6	5	

141

DATE. ____________ TIME. ____________

		8	7			5	2	6
2				6				4
5			4		8		1	
8	2			3				5
6	3		5		7	4	8	
1						6	3	
4			9					
			1		3		4	8
	8	5						

142

DATE. ____________ TIME. ____________

2		5						
		4		3	6			
		6					7	
					9	4		
6	2					9		
4				8		5	2	7
				2	4	3	1	9
9		2			5			
	3							

143

DATE. ______________ TIME. ______________

1			9				7	
		8	7			9		
5				3	2			
	4	1	3					
				7				
	6	9		4		3		
		3					8	
				1	6			
	5							9

144

DATE. ____________ TIME. ____________

	9		1		6		3	
5			7			2		
							6	
	2	4						1
		6	9				7	
9								2
1	5			4			8	
				8	5			

145

DATE. ______________ TIME. ______________

7			1		8			4
				2	4			6
						1	2	
3				7		2		8
9			4	3	2	7		
							5	
			7	5	3	4	8	
2		7						9
	4							

146

DATE. ____________ TIME. ____________

	2		3	1				
						4		
		8		2	5			9
	8		9	5	4	7	3	
					2	1		
	4	6					9	
						3		
9					7			
2			6		3			5

147

DATE. ____________ TIME. ____________

9	2			1		6		
		4						
	5					8	9	
2			3					
		6	1	2				7
		7		6				
				9		1		6
	3							
7		8		3				

148

DATE. ____________ TIME. ____________

4			8					
		8				7		
				2		9		1
		3	5					
	9				7			6
2	8		1				4	
	2						3	
	6		4	3				
						1		

149

DATE. ______________ TIME. ______________

				1				9
		7			3		2	1
	9		7			5	8	
				2	7	8		
1	7			4	5			
	4				6	1		
3	5	6		7			4	8
	1	9					5	
	8						1	6

150

DATE. ________________ TIME. ________________

3			9		8		7	
1			3					8
	2							
		3	7		4	1	5	
						7		
								4
		9			7	2	6	
	6				1			
	8			4			9	

151

DATE. ____________ TIME. ____________

	8	1	4	3				
						5		
				2		4		7
							9	
		4	2	9			7	
3		2	6					4
1							2	
7			9					
		3	8					

152

DATE. ____________ TIME. ____________

					9	5		4
7				4	3			
	9							
	6	8						
				9		2	7	
1							4	
4								
	1			2				8
6					8	1	3	

153

DATE. ____________ TIME. ____________

	7	2				3	9	1
6		1	4		9			
			2		1	6		
			7	6				
		6	3		8	9	1	
	3			1			4	6
9	1	7	5					
5					7			
2		4		9		5	6	

154

DATE. ____________ TIME. ____________

	7		9		4			5
2	3		5		1			
9				3				
1	8				9			
			4	7				9
			1	8				
			6					
					8		1	3
	9	8				4	7	2

155

DATE. ____________ TIME. ____________

		7						
				9	7	1		
1						4		
	4				6			5
			8				6	
					2		7	
2				6			3	
			7					6
	3		5		4	8		2

156

DATE. ____________ TIME. ____________

		4	5			1	6	
	3			7				
	9	2						
	4		7					6
			8	6	1			
								9
							7	
		1				5	4	
5					2		3	

157

DATE. ______________ TIME. ______________

							9	
7	1		2	5				6
	2		4					8
9	7		6		8	5		
6					3			
	8	1				6		
8	6						7	
					5	8		1
				9	4		6	5

158

DATE. ____________ TIME. ____________

		4	6		1		9	
	5			7	3			
					8			6
5	7							
3						1		
1	6					5		3
			7	8		6		9
			4					8
			1		9	7		5

159

DATE. ______________ TIME. ______________

				1	8		6	2
	4			3				5
		9			4			
						3		6
8	2	5						
		4						
		3	7					
2				6		7	3	4
							8	

160

DATE. ______________ TIME. ______________

			1				8	
		4	5					
						4	1	
6				3				7
				4		3		
	2	3		5				9
	6		8					5
8		9						
		5					6	

161

DATE. ____________ TIME. ____________

9	2					3		
	3				9	1		
7		6					9	
3					8	2	6	
2			3			9		
	4		2	1		7		3
		3	9		4		7	
8	9		5		1		3	4
		4			3			9

162

DATE. ______________ TIME. ______________

9	7	1	5					
	8							
				4		9		1
		7	3					
					1		2	5
		5			2		9	
8		2	7				5	
			1			6		
	5	3					8	

163

DATE. ____________ TIME. ____________

	9		7			5		
	8							
	6		2		9		8	
						3	6	
			4		8			
		3		5		7	2	
		2						
			8				1	7
9				1				

164

DATE. ____________ TIME. ____________

				7	2		9	
			8					
8		6				4		
							1	
			6			3		2
	7	9						8
1					8			
				6			3	7
4			7	1				

165

DATE. ______________ TIME. ______________

6	1		7			4		
	2		5	4	8			
			1	6	3	7		5
5	6		3	7		2		
8	9	1			5			
			6					4
4			2		7		1	
	8			5			4	
		9		1				7

166

DATE. ____________ TIME. ____________

9		8		6				
	3	5	9					
2							8	3
	6							
		7	5			1		2
1			7					
4	7	2					9	
			3	2	7	6		4
			4				2	

167

DATE. ______________ TIME. ______________

		8	6					5
4			5	7		1		
					4			3
	1	6			3		7	
			2					
	5				7			
3		2		9				
					2			
	6			5			4	

168

DATE. ______________ TIME. ______________

						3	7	
				8				
	1				9	5		
				5	1		9	4
3		8	7					
	5	2		4				1
		7					6	
						9		

169

DATE. ______________ TIME. ______________

	3	5	6		2	4		7
	8					9	2	3
	2	4		8		6	5	
3	9	6		2				
7							3	6
4	1	8		3			9	
		1					4	
								5
			1	6	8			9

170

DATE. ____________ TIME. ____________

			3			6	1	
7	6		1					
						7	4	
	2					9	8	
5			7	9				2
	8				2			
				8		3		
	1	5	6					7
2	3			5		8		

171

DATE. ______________ TIME. ______________

		1					7	5
			5	9				2
3		6						4
	3	2	8					9
					4			
7			2					
			7		6			1
	9	8						
	7					6		

172

DATE. ________________ TIME. ________________

			9			6		5
4	7				2			9
	8							
				6	5	8	7	4
				9				
6					8			
	2		3					
							9	
	5				4			3

173

DATE. ____________ TIME. ____________

3	2	6			9			
		8			7		6	9
				2				
							9	
8			9			6	1	2
9		3		6	2	7	8	
2	7		5			8		6
5				8				1
	8	1	2			5		7

174

DATE. ______________ TIME. ______________

3				6				5
	8		7	5			1	
						9		
					6		5	
	9	3	5			7		
			4	3				1
1						5		
8			3			1	9	
		2			7		4	6

175

DATE. ______________ TIME. ______________

1			3					2
			8			7		
	4						5	
			6	4		1		
								8
	5	9		7				
	8			9			2	
		1	5					
9		2	1					6

176

DATE. ____________ TIME. ____________

1	4						9	
				3		8	2	
5			4					
		5		6				
					3			7
		6	8	4				1
2								
	1		7				5	
		8			9			

177

DATE. ________________ TIME. ________________

				9	1			
6					5	2		
		9	3	6	7	5		4
	7	6		1	4	8		3
3	5		9			1	6	7
9		1						2
	3							
			7	8		3		1
			1	3		6		

178

DATE. ____________ TIME. ____________

			3			2	8	7
3								
1	8							9
		3		6				
	7					5	2	
				5	9			6
8							9	1
		9	6	1		4		
5				9				2

179

DATE. ____________ TIME. ____________

			3					
6					9			8
	8					6	4	
9	3				8			
			7	4				
7					1		6	
		3					7	
				1		2		6
		9			2			3

180

DATE. ________________ TIME. ________________

		1			6	3		
	5					4		
		6					8	
		5			1			
			3	5		2		
						6	4	
			8		4	9		
		2						
8			9				1	2

181

DATE. ____________ TIME. ____________

8	5	2		1			6	
			4			8	2	
		6	8					
5						1		
3		1	9	4		7		
4	2				6	9		
	1		6		8			
					1	5	3	
2	8		5	7	4		9	1

182

DATE. ____________ TIME. ____________

7			6		9			
	8					9		
9								3
				6				
2		3		5		8	6	
				7			4	
3								
			4		6		7	1
	4	5		1		2		

183

DATE. ____________ TIME. ____________

			9		2		6	
		4	3					1
3					6	2		
			8			3		
1	5			2			8	
					5			6
	1							
	3			7				
8			6			4		

184

DATE. ____________ TIME. ____________

			6				2	
		4	9				8	
	6			8		1		
8	2	6			4			1
			8		7			3
7		3				2		
9		2						
			1					

185

DATE. ______________ TIME. ______________

		6		2			9	
4				3	6			
	7	9	1					
3				5				8
	8		2		1	3		
					9		4	2
	6				4			
							7	3
8				9		4		

186

DATE. ______________ TIME. ______________

			6	7	1	4		5
5		3			9			
		4						
		8					7	
		9		2	3	5	4	
	3	1	7	4				
						9		
8		5		1		6		
					7	1		

187

DATE. ____________________ TIME. ____________________

4		9			8			
					2			
5		6					1	7
			6				3	8
					1		5	
7		3			4			
9				5				
						1	7	
			2			8		9

188

DATE. ______________ TIME. ______________

					1		3	
		9		8			6	
	6			3			8	
					7			
	9	1						
6		3	2					
	7	5		6				
						2	1	4
	3				2			

189

DATE. ______________ TIME. ______________

				3	8	7	4	
		8						9
7			5	4	9	1		8
	8	9	4		2	6		
		7			1			3
2	1			6		8	9	
4	9			2		3		
					3		1	4
		6		9				

190

DATE. ____________ TIME. ____________

2		8				5		
			4	9				8
			1			6		
					6	4		
		7					3	9
		1	3					5
9	7		6		4	1		
1		2	8					
4		6	9					

191

DATE. ______________ TIME. ______________

8					9	6		
				6	4		2	
	3	9	7					
		4		8				
			5				7	8
9		5						
					5	8		3
	7			1				
3					6			

192

DATE. ____________ TIME. ____________

	2	7	9				8	1
			3	6				
								2
7		2		5				6
5			1					
				7				4
6						5		
	9					3		
	1							8

001

5	8	4	6	3	9	7	1	2
6	1	7	2	4	8	5	3	9
9	3	2	7	5	1	6	4	8
7	4	8	9	1	2	3	5	6
2	9	6	3	7	5	4	8	1
3	5	1	4	8	6	2	9	7
4	2	3	1	9	7	8	6	5
8	7	9	5	6	4	1	2	3
1	6	5	8	2	3	9	7	4

002

6	2	3	8	4	1	7	5	9
8	9	4	7	6	5	1	3	2
7	1	5	9	3	2	8	6	4
3	8	6	2	7	4	5	9	1
9	5	7	1	8	6	2	4	3
1	4	2	5	9	3	6	7	8
4	6	8	3	2	7	9	1	5
5	7	9	4	1	8	3	2	6
2	3	1	6	5	9	4	8	7

003

6	1	5	2	8	3	9	7	4
7	8	9	6	4	1	3	5	2
2	4	3	9	5	7	1	8	6
9	5	4	8	2	6	7	1	3
1	3	6	7	9	5	2	4	8
8	2	7	3	1	4	5	6	9
4	9	2	1	7	8	6	3	5
5	6	1	4	3	2	8	9	7
3	7	8	5	6	9	4	2	1

004

3	2	9	7	6	8	5	1	4
7	5	8	1	4	2	6	9	3
6	1	4	9	5	3	8	2	7
1	8	5	2	9	7	3	4	6
9	6	2	8	3	4	7	5	1
4	3	7	5	1	6	9	8	2
8	7	1	6	2	9	4	3	5
5	9	3	4	7	1	2	6	8
2	4	6	3	8	5	1	7	9

005

4	1	2	7	9	3	5	8	6
7	5	3	8	4	6	2	1	9
8	6	9	1	5	2	4	7	3
1	9	5	3	6	8	7	4	2
3	7	4	9	2	1	6	5	8
2	8	6	4	7	5	3	9	1
5	4	8	6	3	9	1	2	7
6	2	1	5	8	7	9	3	4
9	3	7	2	1	4	8	6	5

006

3	4	1	6	5	9	2	8	7
9	7	8	2	1	3	4	5	6
5	6	2	4	7	8	3	1	9
1	2	7	5	4	6	8	9	3
6	8	9	1	3	2	7	4	5
4	5	3	9	8	7	1	6	2
2	1	6	3	9	4	5	7	8
7	9	5	8	2	1	6	3	4
8	3	4	7	6	5	9	2	1

007

7	2	1	9	8	4	5	6	3
6	4	5	1	2	3	7	8	9
8	3	9	7	6	5	2	1	4
5	8	2	6	4	1	9	3	7
9	7	4	5	3	8	1	2	6
1	6	3	2	9	7	8	4	5
2	1	6	3	5	9	4	7	8
4	5	7	8	1	6	3	9	2
3	9	8	4	7	2	6	5	1

008

9	1	6	4	3	7	8	5	2
4	7	8	1	5	2	9	6	3
5	3	2	9	8	6	1	4	7
6	4	5	3	2	8	7	1	9
7	8	3	6	9	1	5	2	4
2	9	1	7	4	5	6	3	8
1	2	4	5	7	9	3	8	6
8	5	7	2	6	3	4	9	1
3	6	9	8	1	4	2	7	5

009

1	9	4	8	5	2	6	3	7
5	3	8	6	7	1	2	9	4
7	2	6	3	9	4	8	5	1
6	1	3	4	8	5	9	7	2
9	4	2	7	1	6	3	8	5
8	7	5	2	3	9	4	1	6
2	5	1	9	4	8	7	6	3
4	8	7	5	6	3	1	2	9
3	6	9	1	2	7	5	4	8

010

5	6	9	7	1	2	4	3	8
8	1	3	4	9	6	5	2	7
4	2	7	8	3	5	6	9	1
2	8	1	9	7	4	3	5	6
7	3	4	6	5	1	9	8	2
6	9	5	2	8	3	7	1	4
3	5	8	1	4	7	2	6	9
1	4	6	3	2	9	8	7	5
9	7	2	5	6	8	1	4	3

011

3	4	7	8	9	6	2	5	1
9	8	5	2	1	3	6	4	7
6	2	1	4	7	5	3	8	9
7	9	2	6	3	8	4	1	5
8	6	4	9	5	1	7	2	3
5	1	3	7	2	4	9	6	8
2	7	8	5	6	9	1	3	4
4	3	6	1	8	7	5	9	2
1	5	9	3	4	2	8	7	6

012

3	9	5	6	1	7	4	2	8
8	4	7	3	9	2	1	6	5
6	1	2	4	5	8	3	9	7
5	6	9	7	8	1	2	4	3
4	7	1	2	6	3	8	5	9
2	3	8	5	4	9	7	1	6
1	8	6	9	3	4	5	7	2
9	2	3	1	7	5	6	8	4
7	5	4	8	2	6	9	3	1

013

7	2	4	5	3	8	9	6	1
5	9	3	1	6	4	7	2	8
1	6	8	2	9	7	5	4	3
2	3	1	4	5	9	6	8	7
9	4	6	7	8	2	1	3	5
8	5	7	3	1	6	4	9	2
3	1	2	9	4	5	8	7	6
6	7	9	8	2	1	3	5	4
4	8	5	6	7	3	2	1	9

014

7	9	8	1	6	3	2	4	5
5	1	2	7	4	8	3	9	6
3	4	6	9	2	5	1	7	8
2	7	9	4	8	1	5	6	3
8	3	4	6	5	7	9	2	1
1	6	5	2	3	9	7	8	4
9	5	3	8	7	4	6	1	2
4	2	7	3	1	6	8	5	9
6	8	1	5	9	2	4	3	7

015

5	1	9	8	6	4	3	2	7
7	2	6	3	5	1	4	8	9
3	8	4	7	2	9	5	6	1
2	3	5	1	4	6	9	7	8
9	4	8	5	7	2	1	3	6
1	6	7	9	3	8	2	4	5
6	9	3	2	8	5	7	1	4
8	7	1	4	9	3	6	5	2
4	5	2	6	1	7	8	9	3

016

9	4	5	7	1	2	8	3	6
3	7	1	4	6	8	5	2	9
8	2	6	3	5	9	4	7	1
1	5	9	6	2	4	3	8	7
2	3	8	1	9	7	6	4	5
7	6	4	5	8	3	1	9	2
5	9	3	2	4	1	7	6	8
4	1	2	8	7	6	9	5	3
6	8	7	9	3	5	2	1	4

017

5	2	3	7	6	8	9	4	1
9	6	7	5	4	1	3	8	2
1	4	8	2	9	3	6	7	5
8	7	2	6	1	4	5	9	3
4	3	9	8	2	5	1	6	7
6	1	5	9	3	7	4	2	8
7	5	4	3	8	6	2	1	9
3	9	1	4	7	2	8	5	6
2	8	6	1	5	9	7	3	4

018

7	8	6	5	4	1	9	2	3
2	5	4	3	9	6	7	8	1
9	1	3	7	8	2	4	6	5
5	3	8	1	2	4	6	9	7
1	2	7	6	3	9	8	5	4
4	6	9	8	7	5	1	3	2
6	9	2	4	1	3	5	7	8
8	4	5	2	6	7	3	1	9
3	7	1	9	5	8	2	4	6

019

4	3	6	2	5	8	1	7	9
9	5	1	7	6	4	2	3	8
2	7	8	9	1	3	4	5	6
7	9	4	6	2	5	8	1	3
3	1	2	4	8	7	9	6	5
6	8	5	3	9	1	7	2	4
1	4	7	5	3	9	6	8	2
5	2	9	8	7	6	3	4	1
8	6	3	1	4	2	5	9	7

020

6	7	8	4	1	3	9	5	2
1	4	5	6	2	9	8	7	3
2	9	3	8	7	5	4	1	6
7	8	2	9	4	1	3	6	5
4	3	1	7	5	6	2	9	8
9	5	6	3	8	2	7	4	1
8	1	7	5	3	4	6	2	9
5	6	4	2	9	8	1	3	7
3	2	9	1	6	7	5	8	4

021

2	6	7	4	8	1	9	5	3
4	9	8	6	5	3	2	1	7
1	3	5	2	9	7	6	8	4
7	2	9	3	4	8	1	6	5
3	8	4	1	6	5	7	2	9
5	1	6	7	2	9	3	4	8
8	7	2	9	1	4	5	3	6
6	5	3	8	7	2	4	9	1
9	4	1	5	3	6	8	7	2

022

4	5	9	6	3	2	1	7	8
6	8	2	5	1	7	3	4	9
1	7	3	4	9	8	6	2	5
3	6	8	2	4	9	5	1	7
2	4	1	8	7	5	9	3	6
7	9	5	1	6	3	4	8	2
8	2	4	3	5	6	7	9	1
9	1	6	7	8	4	2	5	3
5	3	7	9	2	1	8	6	4

023

4	1	8	2	7	9	5	3	6
6	5	7	3	4	1	8	9	2
3	9	2	5	6	8	4	1	7
8	3	1	7	2	5	6	4	9
7	4	6	9	8	3	2	5	1
5	2	9	4	1	6	7	8	3
1	7	3	8	5	2	9	6	4
9	8	4	6	3	7	1	2	5
2	6	5	1	9	4	3	7	8

024

8	1	7	5	3	6	9	2	4
6	3	5	2	9	4	7	8	1
9	4	2	1	7	8	5	6	3
3	7	6	8	2	5	4	1	9
4	2	9	3	1	7	6	5	8
1	5	8	4	6	9	3	7	2
7	6	1	9	8	3	2	4	5
5	8	3	7	4	2	1	9	6
2	9	4	6	5	1	8	3	7

025

9	4	7	5	2	3	6	8	1
8	5	2	6	1	4	3	7	9
6	3	1	9	8	7	2	5	4
7	6	4	2	3	5	9	1	8
1	9	5	8	4	6	7	3	2
3	2	8	7	9	1	5	4	6
4	1	9	3	7	2	8	6	5
2	7	6	1	5	8	4	9	3
5	8	3	4	6	9	1	2	7

026

9	2	6	4	3	7	5	8	1
5	3	7	9	1	8	4	2	6
4	1	8	5	2	6	3	7	9
8	9	3	2	5	4	6	1	7
2	5	4	6	7	1	8	9	3
6	7	1	3	8	9	2	4	5
7	6	2	1	4	3	9	5	8
1	4	9	8	6	5	7	3	2
3	8	5	7	9	2	1	6	4

027

7	3	8	4	5	1	2	6	9
2	1	6	8	3	9	4	5	7
9	5	4	7	2	6	8	1	3
3	4	2	5	1	7	9	8	6
8	9	1	2	6	4	7	3	5
5	6	7	9	8	3	1	4	2
6	7	9	1	4	5	3	2	8
1	8	5	3	9	2	6	7	4
4	2	3	6	7	8	5	9	1

028

8	9	5	4	3	1	6	7	2
3	7	2	8	6	9	4	1	5
1	4	6	5	7	2	8	9	3
2	3	9	6	5	4	1	8	7
4	1	8	3	9	7	2	5	6
6	5	7	2	1	8	3	4	9
5	8	1	9	2	3	7	6	4
7	6	3	1	4	5	9	2	8
9	2	4	7	8	6	5	3	1

029

4	9	1	7	8	2	5	6	3
3	6	7	9	5	1	2	4	8
5	8	2	4	6	3	9	7	1
1	3	9	2	4	7	6	8	5
8	2	4	5	9	6	1	3	7
6	7	5	1	3	8	4	9	2
2	1	6	8	7	9	3	5	4
9	4	8	3	2	5	7	1	6
7	5	3	6	1	4	8	2	9

030

2	8	1	9	4	7	5	3	6
5	6	4	3	1	2	9	7	8
9	3	7	6	5	8	2	1	4
8	2	3	4	9	6	7	5	1
4	7	5	8	3	1	6	9	2
6	1	9	7	2	5	8	4	3
3	4	2	5	8	9	1	6	7
7	5	8	1	6	4	3	2	9
1	9	6	2	7	3	4	8	5

031

1	2	3	9	4	8	7	6	5
7	8	5	3	1	6	2	9	4
4	6	9	7	2	5	1	3	8
6	5	1	2	8	9	3	4	7
8	4	7	1	6	3	9	5	2
3	9	2	4	5	7	8	1	6
5	3	4	8	7	1	6	2	9
2	1	8	6	9	4	5	7	3
9	7	6	5	3	2	4	8	1

032

5	4	6	3	9	1	8	7	2
3	8	9	7	5	2	6	4	1
2	1	7	8	4	6	3	5	9
8	9	3	6	1	7	4	2	5
4	6	5	9	2	8	1	3	7
1	7	2	4	3	5	9	6	8
7	3	8	5	6	9	2	1	4
9	2	4	1	7	3	5	8	6
6	5	1	2	8	4	7	9	3

033

4	9	8	2	7	3	1	6	5
1	3	2	6	8	5	4	9	7
5	6	7	1	4	9	3	8	2
7	4	5	8	9	2	6	3	1
9	8	6	3	1	7	2	5	4
2	1	3	5	6	4	8	7	9
3	5	4	9	2	6	7	1	8
8	7	9	4	3	1	5	2	6
6	2	1	7	5	8	9	4	3

034

1	2	7	8	3	5	9	6	4
5	9	3	1	4	6	2	8	7
4	6	8	9	2	7	1	5	3
6	8	4	3	7	1	5	2	9
3	1	9	4	5	2	6	7	8
7	5	2	6	8	9	3	4	1
8	7	1	5	6	3	4	9	2
2	3	6	7	9	4	8	1	5
9	4	5	2	1	8	7	3	6

035

8	5	1	7	3	4	6	9	2
6	4	3	8	9	2	1	7	5
2	9	7	6	1	5	8	3	4
7	8	2	3	4	1	5	6	9
4	1	9	5	8	6	3	2	7
5	3	6	9	2	7	4	8	1
9	2	8	4	5	3	7	1	6
1	7	4	2	6	8	9	5	3
3	6	5	1	7	9	2	4	8

036

5	1	2	3	9	6	4	8	7
3	9	7	5	8	4	1	6	2
4	8	6	2	1	7	5	9	3
8	2	9	4	5	1	7	3	6
1	7	3	6	2	9	8	5	4
6	5	4	8	7	3	2	1	9
9	4	8	1	3	2	6	7	5
2	3	1	7	6	5	9	4	8
7	6	5	9	4	8	3	2	1

037

5	3	2	8	1	9	4	7	6
7	4	9	6	3	5	8	2	1
8	6	1	2	7	4	5	3	9
3	5	6	4	9	1	2	8	7
4	9	7	5	8	2	1	6	3
2	1	8	7	6	3	9	4	5
1	7	3	9	4	8	6	5	2
6	8	5	1	2	7	3	9	4
9	2	4	3	5	6	7	1	8

038

3	6	2	4	8	7	1	9	5
7	1	9	5	2	3	6	8	4
8	4	5	6	1	9	7	3	2
5	2	1	3	7	4	8	6	9
6	8	4	9	5	1	3	2	7
9	3	7	8	6	2	4	5	1
4	7	6	2	3	5	9	1	8
1	5	3	7	9	8	2	4	6
2	9	8	1	4	6	5	7	3

039

1	9	8	4	6	2	7	5	3
7	6	3	8	9	5	2	4	1
2	5	4	1	7	3	9	8	6
8	2	9	3	1	6	4	7	5
5	1	7	9	4	8	3	6	2
3	4	6	2	5	7	1	9	8
4	8	5	7	2	1	6	3	9
9	3	2	6	8	4	5	1	7
6	7	1	5	3	9	8	2	4

040

1	6	5	9	7	4	3	2	8
4	3	2	8	5	6	9	1	7
9	8	7	1	3	2	5	6	4
3	5	4	2	1	7	8	9	6
8	9	1	6	4	3	2	7	5
7	2	6	5	9	8	1	4	3
5	7	3	4	2	1	6	8	9
6	1	9	7	8	5	4	3	2
2	4	8	3	6	9	7	5	1

041

3	5	1	6	9	7	4	2	8
7	8	2	4	1	5	9	3	6
4	9	6	8	3	2	5	1	7
1	3	7	5	8	9	2	6	4
8	2	4	3	6	1	7	9	5
9	6	5	2	7	4	3	8	1
5	1	3	7	2	8	6	4	9
2	7	8	9	4	6	1	5	3
6	4	9	1	5	3	8	7	2

042

1	4	8	2	5	7	6	3	9
5	6	3	9	8	4	2	7	1
2	9	7	1	3	6	4	8	5
7	8	6	4	1	9	3	5	2
3	1	5	6	2	8	7	9	4
4	2	9	3	7	5	1	6	8
6	5	1	8	4	3	9	2	7
8	3	4	7	9	2	5	1	6
9	7	2	5	6	1	8	4	3

043

1	2	8	9	5	6	4	3	7
7	4	6	1	3	2	9	8	5
9	3	5	4	8	7	1	2	6
4	8	1	2	9	5	7	6	3
5	9	2	6	7	3	8	4	1
6	7	3	8	4	1	2	5	9
8	5	4	7	6	9	3	1	2
3	1	7	5	2	8	6	9	4
2	6	9	3	1	4	5	7	8

044

8	6	7	5	1	3	2	4	9
2	1	9	4	6	8	5	7	3
4	3	5	2	7	9	8	1	6
3	9	4	7	5	1	6	2	8
5	2	8	6	9	4	1	3	7
6	7	1	3	8	2	9	5	4
1	4	6	9	3	5	7	8	2
7	8	2	1	4	6	3	9	5
9	5	3	8	2	7	4	6	1

045

8	4	3	6	1	7	5	9	2
1	7	6	5	2	9	3	8	4
9	5	2	3	8	4	7	1	6
6	3	8	7	9	2	1	4	5
5	2	4	1	6	3	8	7	9
7	9	1	8	4	5	2	6	3
3	8	5	9	7	6	4	2	1
4	6	7	2	3	1	9	5	8
2	1	9	4	5	8	6	3	7

046

4	8	1	2	9	5	7	3	6
2	5	6	7	1	3	4	9	8
9	7	3	8	6	4	2	5	1
3	1	8	9	2	7	5	6	4
6	4	7	3	5	1	9	8	2
5	9	2	4	8	6	3	1	7
7	6	4	1	3	9	8	2	5
8	3	5	6	7	2	1	4	9
1	2	9	5	4	8	6	7	3

047

5	3	6	7	4	8	9	2	1
7	4	8	9	2	1	3	5	6
2	9	1	3	6	5	7	4	8
8	2	7	6	9	4	5	1	3
6	1	3	5	8	7	2	9	4
4	5	9	2	1	3	6	8	7
9	6	4	8	3	2	1	7	5
3	8	5	1	7	9	4	6	2
1	7	2	4	5	6	8	3	9

048

9	5	7	2	6	4	3	1	8
4	1	8	5	9	3	2	6	7
3	6	2	1	8	7	9	5	4
7	4	5	9	2	8	6	3	1
2	3	6	7	5	1	4	8	9
8	9	1	3	4	6	5	7	2
6	7	3	4	1	2	8	9	5
1	2	9	8	3	5	7	4	6
5	8	4	6	7	9	1	2	3

049

4	3	8	7	9	5	2	1	6
2	1	9	6	3	4	7	8	5
6	5	7	2	1	8	4	3	9
3	7	4	5	8	9	6	2	1
9	2	1	4	7	6	3	5	8
5	8	6	3	2	1	9	7	4
8	6	3	9	5	7	1	4	2
1	4	2	8	6	3	5	9	7
7	9	5	1	4	2	8	6	3

050

6	4	7	9	3	2	8	5	1
2	3	1	8	5	4	7	6	9
8	5	9	7	6	1	4	2	3
3	7	6	5	2	9	1	4	8
5	8	4	6	1	7	9	3	2
9	1	2	3	4	8	6	7	5
7	6	8	2	9	5	3	1	4
1	9	5	4	7	3	2	8	6
4	2	3	1	8	6	5	9	7

051

6	5	1	8	3	4	9	7	2
3	4	7	2	6	9	5	1	8
8	2	9	5	7	1	3	6	4
7	1	6	4	5	3	2	8	9
5	8	3	9	2	6	7	4	1
2	9	4	7	1	8	6	5	3
4	6	5	3	8	2	1	9	7
1	3	8	6	9	7	4	2	5
9	7	2	1	4	5	8	3	6

052

2	9	4	5	8	6	1	7	3
6	3	8	4	1	7	5	2	9
5	1	7	2	9	3	6	8	4
3	4	6	8	5	9	2	1	7
1	8	5	3	7	2	4	9	6
9	7	2	6	4	1	3	5	8
7	6	9	1	3	5	8	4	2
4	5	3	7	2	8	9	6	1
8	2	1	9	6	4	7	3	5

053

9	3	5	2	4	8	1	7	6
4	2	1	7	9	6	5	3	8
8	7	6	5	1	3	2	9	4
7	9	8	4	3	2	6	1	5
5	6	4	9	7	1	8	2	3
2	1	3	6	8	5	7	4	9
6	4	9	8	2	7	3	5	1
1	5	2	3	6	9	4	8	7
3	8	7	1	5	4	9	6	2

054

5	3	6	2	9	8	7	4	1
8	1	2	5	7	4	6	3	9
9	4	7	6	1	3	2	5	8
6	8	1	7	5	9	3	2	4
2	7	4	3	8	6	1	9	5
3	5	9	1	4	2	8	6	7
4	9	3	8	6	7	5	1	2
1	6	8	9	2	5	4	7	3
7	2	5	4	3	1	9	8	6

055

6	3	9	2	5	4	8	1	7
1	2	7	3	8	9	6	4	5
4	5	8	1	7	6	9	2	3
3	4	1	8	2	7	5	6	9
7	8	6	5	9	1	2	3	4
2	9	5	4	6	3	7	8	1
5	6	4	9	1	2	3	7	8
8	1	2	7	3	5	4	9	6
9	7	3	6	4	8	1	5	2

056

6	8	1	2	4	5	9	7	3
7	3	5	6	8	9	2	1	4
2	4	9	7	1	3	6	8	5
4	1	3	5	2	8	7	6	9
5	6	2	9	3	7	8	4	1
9	7	8	4	6	1	5	3	2
3	5	6	1	7	2	4	9	8
1	2	7	8	9	4	3	5	6
8	9	4	3	5	6	1	2	7

057

4	8	9	7	1	6	5	2	3
5	7	2	9	3	4	8	6	1
6	3	1	5	2	8	9	4	7
9	4	6	1	5	2	7	3	8
8	2	7	4	9	3	1	5	6
1	5	3	8	6	7	4	9	2
2	1	4	6	8	9	3	7	5
7	6	8	3	4	5	2	1	9
3	9	5	2	7	1	6	8	4

058

9	7	2	5	3	4	1	8	6
1	4	8	6	9	2	5	3	7
5	3	6	1	7	8	4	2	9
8	2	5	3	4	7	6	9	1
3	9	1	8	6	5	7	4	2
4	6	7	9	2	1	8	5	3
6	1	9	4	8	3	2	7	5
2	5	4	7	1	9	3	6	8
7	8	3	2	5	6	9	1	4

059

8	5	2	7	1	3	6	4	9
4	9	7	8	6	2	1	3	5
1	6	3	4	9	5	8	7	2
3	8	4	2	5	1	9	6	7
5	2	9	6	7	8	3	1	4
7	1	6	3	4	9	2	5	8
9	4	8	1	3	7	5	2	6
2	7	1	5	8	6	4	9	3
6	3	5	9	2	4	7	8	1

060

3	9	1	4	2	8	6	5	7
6	5	2	7	9	3	4	8	1
7	8	4	6	1	5	2	3	9
2	4	8	1	3	7	9	6	5
1	3	9	2	5	6	7	4	8
5	7	6	9	8	4	1	2	3
4	1	3	5	7	2	8	9	6
9	2	5	8	6	1	3	7	4
8	6	7	3	4	9	5	1	2

061

5	7	9	8	1	6	2	3	4
2	3	8	7	5	4	9	1	6
6	4	1	9	3	2	7	5	8
1	9	6	5	4	8	3	2	7
3	2	5	1	6	7	8	4	9
7	8	4	2	9	3	1	6	5
9	6	2	4	7	1	5	8	3
4	1	7	3	8	5	6	9	2
8	5	3	6	2	9	4	7	1

062

7	1	2	4	3	8	6	9	5
9	3	4	5	6	2	1	8	7
8	5	6	7	9	1	2	4	3
5	6	8	2	4	3	7	1	9
3	7	9	1	8	5	4	6	2
4	2	1	6	7	9	3	5	8
2	8	5	3	1	6	9	7	4
6	4	3	9	5	7	8	2	1
1	9	7	8	2	4	5	3	6

063

2	4	3	6	5	7	8	9	1
6	8	1	3	2	9	7	4	5
5	7	9	8	1	4	3	2	6
4	3	2	7	6	5	9	1	8
1	6	8	4	9	2	5	3	7
9	5	7	1	3	8	4	6	2
3	9	6	5	7	1	2	8	4
8	1	5	2	4	3	6	7	9
7	2	4	9	8	6	1	5	3

064

2	3	6	7	1	9	5	4	8
7	9	1	5	4	8	2	6	3
5	4	8	3	6	2	1	9	7
9	6	5	8	2	7	4	3	1
4	1	3	9	5	6	7	8	2
8	7	2	4	3	1	9	5	6
3	2	9	1	8	4	6	7	5
1	5	4	6	7	3	8	2	9
6	8	7	2	9	5	3	1	4

065

9	5	4	7	2	6	3	8	1
2	6	8	9	3	1	5	7	4
3	1	7	8	4	5	2	6	9
4	8	2	6	1	3	9	5	7
1	9	3	2	5	7	6	4	8
6	7	5	4	8	9	1	3	2
8	4	9	3	6	2	7	1	5
5	2	6	1	7	8	4	9	3
7	3	1	5	9	4	8	2	6

066

4	3	8	1	9	7	2	6	5
1	6	7	2	4	5	9	3	8
2	9	5	6	3	8	1	4	7
8	2	4	5	1	3	6	7	9
5	1	3	9	7	6	8	2	4
9	7	6	8	2	4	5	1	3
7	5	1	4	6	9	3	8	2
3	8	2	7	5	1	4	9	6
6	4	9	3	8	2	7	5	1

067

6	9	4	8	7	2	1	3	5
2	8	7	5	3	1	6	4	9
5	3	1	6	4	9	8	7	2
4	6	9	1	2	7	5	8	3
7	5	3	9	8	6	2	1	4
1	2	8	3	5	4	9	6	7
9	4	6	7	1	5	3	2	8
3	7	5	2	6	8	4	9	1
8	1	2	4	9	3	7	5	6

068

8	7	6	1	3	2	4	9	5
9	4	3	8	5	6	1	2	7
1	5	2	4	7	9	8	3	6
6	1	7	2	8	3	5	4	9
4	3	5	6	9	7	2	1	8
2	9	8	5	1	4	7	6	3
7	6	1	3	4	8	9	5	2
5	2	9	7	6	1	3	8	4
3	8	4	9	2	5	6	7	1

069

7	2	9	4	3	1	6	5	8
1	6	8	9	5	7	2	4	3
4	3	5	2	8	6	1	9	7
9	7	1	8	6	3	5	2	4
8	5	6	1	2	4	3	7	9
2	4	3	5	7	9	8	6	1
5	9	2	7	1	8	4	3	6
6	8	7	3	4	5	9	1	2
3	1	4	6	9	2	7	8	5

070

7	4	2	5	6	9	1	8	3
1	3	8	2	4	7	6	5	9
5	6	9	1	3	8	7	2	4
2	9	7	4	8	6	5	3	1
8	1	3	9	5	2	4	7	6
6	5	4	7	1	3	2	9	8
9	8	5	6	7	1	3	4	2
3	7	1	8	2	4	9	6	5
4	2	6	3	9	5	8	1	7

071

8	4	7	1	9	5	3	6	2
9	2	1	3	6	7	8	5	4
5	6	3	4	2	8	7	1	9
3	7	4	5	1	9	2	8	6
2	9	8	6	7	4	1	3	5
1	5	6	2	8	3	4	9	7
7	1	9	8	5	2	6	4	3
4	8	2	9	3	6	5	7	1
6	3	5	7	4	1	9	2	8

072

2	4	8	9	1	3	7	5	6
3	1	5	4	7	6	2	9	8
9	6	7	2	8	5	4	1	3
8	5	9	1	3	4	6	7	2
1	3	2	7	6	9	8	4	5
6	7	4	8	5	2	9	3	1
4	8	6	3	9	1	5	2	7
7	2	1	5	4	8	3	6	9
5	9	3	6	2	7	1	8	4

073

9	8	1	4	7	5	6	2	3
5	3	7	6	2	1	4	9	8
6	2	4	3	8	9	5	1	7
1	4	3	7	9	6	8	5	2
8	5	6	2	3	4	1	7	9
7	9	2	1	5	8	3	4	6
4	1	9	8	6	7	2	3	5
2	7	8	5	4	3	9	6	1
3	6	5	9	1	2	7	8	4

074

9	1	6	4	7	2	8	5	3
4	2	3	8	5	6	9	7	1
8	5	7	9	1	3	6	2	4
3	9	5	7	2	1	4	6	8
6	4	2	5	9	8	1	3	7
1	7	8	6	3	4	5	9	2
2	6	9	1	4	7	3	8	5
7	8	1	3	6	5	2	4	9
5	3	4	2	8	9	7	1	6

075

2	1	6	4	8	5	9	3	7
7	3	4	1	9	6	2	8	5
9	8	5	3	2	7	1	6	4
6	5	9	7	4	8	3	1	2
1	7	8	6	3	2	4	5	9
4	2	3	5	1	9	6	7	8
8	6	1	2	5	4	7	9	3
5	4	7	9	6	3	8	2	1
3	9	2	8	7	1	5	4	6

076

3	4	8	7	1	9	5	2	6
2	1	6	5	4	8	3	7	9
5	7	9	3	6	2	8	1	4
6	8	1	4	5	7	2	9	3
4	3	2	9	8	1	6	5	7
9	5	7	2	3	6	4	8	1
8	6	5	1	7	3	9	4	2
7	9	3	8	2	4	1	6	5
1	2	4	6	9	5	7	3	8

077

1	6	2	8	5	4	3	9	7
9	4	8	2	3	7	1	6	5
3	7	5	1	9	6	8	4	2
8	2	6	5	4	9	7	3	1
7	9	4	3	2	1	5	8	6
5	3	1	7	6	8	9	2	4
6	5	3	9	7	2	4	1	8
2	1	7	4	8	3	6	5	9
4	8	9	6	1	5	2	7	3

078

4	6	7	2	8	3	5	1	9
3	1	8	5	9	6	2	7	4
5	9	2	7	1	4	3	8	6
2	4	3	8	7	5	6	9	1
6	8	9	4	2	1	7	5	3
7	5	1	6	3	9	4	2	8
1	3	5	9	6	2	8	4	7
9	7	4	3	5	8	1	6	2
8	2	6	1	4	7	9	3	5

079

6	1	9	8	7	4	2	3	5
5	3	4	2	1	9	6	8	7
2	7	8	6	3	5	4	1	9
8	9	2	1	5	6	7	4	3
1	6	3	7	4	2	5	9	8
7	4	5	9	8	3	1	6	2
4	2	1	3	9	7	8	5	6
9	8	7	5	6	1	3	2	4
3	5	6	4	2	8	9	7	1

080

6	8	1	2	4	7	3	9	5
5	4	9	8	6	3	7	2	1
3	7	2	1	5	9	8	4	6
4	1	7	9	3	6	2	5	8
8	9	5	4	1	2	6	3	7
2	3	6	7	8	5	4	1	9
1	5	8	6	2	4	9	7	3
9	6	4	3	7	1	5	8	2
7	2	3	5	9	8	1	6	4

081

7	8	1	3	2	9	4	5	6
3	2	5	4	8	6	7	9	1
9	4	6	5	1	7	3	2	8
8	5	9	7	4	3	6	1	2
4	1	3	8	6	2	9	7	5
6	7	2	1	9	5	8	3	4
1	9	8	2	3	4	5	6	7
5	3	4	6	7	1	2	8	9
2	6	7	9	5	8	1	4	3

082

3	6	8	5	2	9	4	1	7
1	4	9	8	6	7	3	5	2
7	2	5	3	4	1	8	9	6
2	8	6	7	9	3	1	4	5
4	5	1	2	8	6	7	3	9
9	7	3	4	1	5	2	6	8
6	1	7	9	3	8	5	2	4
8	9	2	1	5	4	6	7	3
5	3	4	6	7	2	9	8	1

083

2	7	6	9	1	8	3	4	5
5	1	9	3	2	4	8	6	7
3	4	8	5	7	6	2	1	9
6	8	5	1	4	2	7	9	3
7	3	1	8	9	5	6	2	4
4	9	2	7	6	3	1	5	8
9	5	7	2	8	1	4	3	6
1	6	3	4	5	7	9	8	2
8	2	4	6	3	9	5	7	1

084

9	2	7	1	8	6	4	5	3
3	6	8	2	5	4	9	1	7
1	5	4	3	9	7	6	8	2
6	1	2	7	3	5	8	4	9
5	8	9	6	4	2	3	7	1
7	4	3	8	1	9	2	6	5
8	3	6	5	2	1	7	9	4
4	7	1	9	6	3	5	2	8
2	9	5	4	7	8	1	3	6

085

4	8	5	2	9	7	3	1	6
2	9	3	6	1	5	4	7	8
7	6	1	4	3	8	9	2	5
1	5	4	7	2	9	6	8	3
9	7	2	8	6	3	1	5	4
8	3	6	1	5	4	7	9	2
3	4	9	5	7	2	8	6	1
5	1	7	3	8	6	2	4	9
6	2	8	9	4	1	5	3	7

086

8	4	6	1	9	2	5	7	3
5	1	2	3	4	7	6	8	9
9	3	7	8	6	5	4	1	2
6	2	4	5	1	3	8	9	7
3	7	9	4	8	6	1	2	5
1	8	5	7	2	9	3	6	4
7	6	8	9	3	4	2	5	1
4	5	1	2	7	8	9	3	6
2	9	3	6	5	1	7	4	8

087

1	5	2	9	7	6	4	8	3
7	6	8	4	1	3	9	5	2
9	4	3	8	5	2	7	6	1
2	7	1	5	6	9	3	4	8
6	8	4	2	3	1	5	9	7
3	9	5	7	4	8	2	1	6
8	2	7	6	9	5	1	3	4
4	1	9	3	8	7	6	2	5
5	3	6	1	2	4	8	7	9

088

4	1	5	3	2	6	7	8	9
6	9	7	4	1	8	3	5	2
8	3	2	9	7	5	6	4	1
2	4	1	6	8	7	9	3	5
3	5	8	1	9	4	2	6	7
7	6	9	2	5	3	4	1	8
1	7	4	5	6	2	8	9	3
5	2	6	8	3	9	1	7	4
9	8	3	7	4	1	5	2	6

089

8	9	3	1	2	7	6	4	5
6	7	4	9	3	5	8	2	1
5	2	1	8	6	4	3	9	7
3	5	6	7	9	2	4	1	8
9	1	8	6	4	3	5	7	2
7	4	2	5	8	1	9	6	3
2	3	5	4	7	9	1	8	6
4	6	7	3	1	8	2	5	9
1	8	9	2	5	6	7	3	4

090

9	2	6	8	7	3	5	4	1
8	4	1	6	9	5	7	3	2
3	7	5	2	4	1	8	9	6
6	5	9	3	1	8	2	7	4
7	8	3	9	2	4	6	1	5
2	1	4	7	5	6	3	8	9
5	3	8	1	6	9	4	2	7
1	6	2	4	3	7	9	5	8
4	9	7	5	8	2	1	6	3

091

2	9	5	4	8	6	3	7	1
4	3	7	9	2	1	6	5	8
1	6	8	3	7	5	9	2	4
3	1	9	5	6	4	2	8	7
5	7	4	2	9	8	1	3	6
8	2	6	1	3	7	4	9	5
6	5	2	7	4	9	8	1	3
9	8	1	6	5	3	7	4	2
7	4	3	8	1	2	5	6	9

092

7	9	2	8	1	3	6	4	5
1	4	5	6	2	9	7	8	3
8	3	6	7	5	4	9	1	2
6	5	9	3	8	2	4	7	1
4	7	1	9	6	5	3	2	8
3	2	8	4	7	1	5	6	9
5	6	3	2	4	8	1	9	7
2	1	4	5	9	7	8	3	6
9	8	7	1	3	6	2	5	4

093

3	4	6	5	1	2	7	9	8
7	1	8	3	4	9	5	6	2
5	2	9	8	7	6	1	4	3
4	6	1	9	2	5	8	3	7
2	5	3	4	8	7	9	1	6
9	8	7	1	6	3	4	2	5
6	3	4	7	5	1	2	8	9
8	7	2	6	9	4	3	5	1
1	9	5	2	3	8	6	7	4

094

2	5	9	6	1	4	3	7	8
1	7	6	3	5	8	4	2	9
3	4	8	2	9	7	6	1	5
8	9	1	5	2	3	7	4	6
4	6	5	7	8	1	2	9	3
7	2	3	4	6	9	8	5	1
5	3	2	1	4	6	9	8	7
9	1	7	8	3	2	5	6	4
6	8	4	9	7	5	1	3	2

095

6	2	1	7	3	9	8	5	4
4	8	7	5	2	6	3	9	1
9	5	3	4	8	1	6	2	7
8	1	2	6	9	3	7	4	5
3	9	5	8	7	4	1	6	2
7	4	6	1	5	2	9	8	3
1	7	8	2	6	5	4	3	9
5	6	9	3	4	7	2	1	8
2	3	4	9	1	8	5	7	6

096

3	7	5	2	8	4	9	1	6
8	2	4	6	1	9	5	3	7
9	6	1	3	7	5	2	8	4
7	9	3	5	2	8	6	4	1
4	8	6	7	9	1	3	2	5
5	1	2	4	6	3	7	9	8
2	3	7	8	4	6	1	5	9
6	4	9	1	5	2	8	7	3
1	5	8	9	3	7	4	6	2

097

3	6	7	5	2	4	9	8	1
5	8	9	6	1	7	3	4	2
1	4	2	8	3	9	5	6	7
8	2	5	9	4	6	7	1	3
9	7	3	1	8	5	6	2	4
6	1	4	2	7	3	8	9	5
7	3	1	4	6	8	2	5	9
4	5	6	7	9	2	1	3	8
2	9	8	3	5	1	4	7	6

098

7	9	8	3	6	1	2	4	5
1	3	4	2	5	7	9	6	8
2	5	6	4	8	9	1	3	7
6	2	1	5	3	4	7	8	9
9	7	3	8	1	2	4	5	6
8	4	5	7	9	6	3	2	1
5	1	7	6	4	3	8	9	2
3	6	2	9	7	8	5	1	4
4	8	9	1	2	5	6	7	3

099

3	8	5	7	1	4	6	9	2
7	6	9	2	5	8	3	4	1
2	4	1	6	9	3	5	7	8
8	1	3	4	6	5	7	2	9
9	7	6	8	2	1	4	5	3
4	5	2	3	7	9	8	1	6
6	2	8	1	4	7	9	3	5
1	9	7	5	3	6	2	8	4
5	3	4	9	8	2	1	6	7

100

7	6	8	5	4	2	1	3	9
4	3	5	1	6	9	7	2	8
9	1	2	3	7	8	5	6	4
1	5	9	4	8	6	3	7	2
3	8	7	2	1	5	9	4	6
6	2	4	7	9	3	8	1	5
2	7	6	8	5	1	4	9	3
8	9	1	6	3	4	2	5	7
5	4	3	9	2	7	6	8	1

101

1	2	8	7	3	4	9	5	6
6	5	3	1	9	2	7	8	4
7	9	4	6	5	8	1	2	3
4	1	5	3	2	9	8	6	7
8	7	9	4	1	6	5	3	2
3	6	2	8	7	5	4	9	1
2	8	1	5	4	3	6	7	9
5	3	7	9	6	1	2	4	8
9	4	6	2	8	7	3	1	5

102

8	4	3	1	9	6	5	2	7
6	7	1	5	4	2	3	9	8
2	9	5	7	3	8	6	1	4
1	3	4	6	2	9	7	8	5
7	2	6	8	1	5	9	4	3
9	5	8	3	7	4	1	6	2
4	1	7	2	6	3	8	5	9
3	8	2	9	5	1	4	7	6
5	6	9	4	8	7	2	3	1

103

7	1	5	8	6	2	4	9	3
2	3	6	9	1	4	7	5	8
8	9	4	7	5	3	1	6	2
9	5	1	2	7	6	8	3	4
6	7	3	5	4	8	9	2	1
4	8	2	3	9	1	6	7	5
3	2	9	1	8	7	5	4	6
1	4	7	6	3	5	2	8	9
5	6	8	4	2	9	3	1	7

104

6	3	1	2	4	7	8	9	5
9	8	5	1	6	3	2	4	7
2	4	7	9	8	5	6	3	1
7	1	3	6	2	8	4	5	9
4	5	2	7	9	1	3	8	6
8	9	6	3	5	4	7	1	2
5	6	9	4	3	2	1	7	8
1	2	4	8	7	9	5	6	3
3	7	8	5	1	6	9	2	4

105

2	3	5	6	9	7	1	8	4
1	9	6	2	4	8	7	3	5
7	8	4	1	5	3	2	9	6
9	5	3	7	1	6	4	2	8
4	2	7	8	3	5	6	1	9
8	6	1	4	2	9	5	7	3
3	7	9	5	6	1	8	4	2
6	1	2	3	8	4	9	5	7
5	4	8	9	7	2	3	6	1

106

5	4	1	2	7	9	6	3	8
8	3	6	1	5	4	2	9	7
2	7	9	8	6	3	4	1	5
1	8	7	3	4	5	9	6	2
4	9	5	7	2	6	1	8	3
6	2	3	9	8	1	7	5	4
7	1	4	5	9	8	3	2	6
3	5	2	6	1	7	8	4	9
9	6	8	4	3	2	5	7	1

107

4	3	5	9	7	1	8	6	2
9	7	8	2	5	6	1	4	3
1	6	2	4	3	8	9	7	5
3	2	9	1	4	5	6	8	7
7	5	1	6	8	9	2	3	4
6	8	4	7	2	3	5	1	9
5	1	7	3	6	2	4	9	8
2	4	6	8	9	7	3	5	1
8	9	3	5	1	4	7	2	6

108

4	5	7	1	2	3	6	9	8
3	8	1	6	9	7	4	5	2
9	2	6	4	5	8	3	1	7
6	4	9	3	1	2	8	7	5
2	7	3	8	4	5	9	6	1
8	1	5	9	7	6	2	3	4
5	3	4	2	6	1	7	8	9
7	9	8	5	3	4	1	2	6
1	6	2	7	8	9	5	4	3

109

8	2	9	7	4	3	1	6	5
4	6	5	9	8	1	3	7	2
3	1	7	2	5	6	9	8	4
7	4	8	3	6	2	5	9	1
9	5	2	8	1	4	7	3	6
1	3	6	5	7	9	2	4	8
2	8	4	1	3	7	6	5	9
5	9	3	6	2	8	4	1	7
6	7	1	4	9	5	8	2	3

110

2	4	9	5	8	6	3	1	7
7	8	1	3	4	2	5	6	9
3	5	6	7	9	1	2	8	4
6	1	7	8	5	4	9	2	3
4	9	2	6	3	7	8	5	1
5	3	8	2	1	9	7	4	6
1	7	4	9	2	8	6	3	5
8	6	3	1	7	5	4	9	2
9	2	5	4	6	3	1	7	8

111

5	8	2	6	1	3	9	7	4
3	4	9	7	2	8	1	6	5
7	6	1	9	4	5	3	2	8
9	1	3	4	5	6	2	8	7
2	7	6	3	8	9	5	4	1
8	5	4	2	7	1	6	3	9
1	2	5	8	6	7	4	9	3
4	9	7	5	3	2	8	1	6
6	3	8	1	9	4	7	5	2

112

5	7	4	8	3	1	9	6	2
6	2	9	4	5	7	8	1	3
8	1	3	6	9	2	7	5	4
2	5	8	1	6	3	4	7	9
9	4	1	5	7	8	3	2	6
3	6	7	2	4	9	5	8	1
4	8	5	3	2	6	1	9	7
7	3	6	9	1	5	2	4	8
1	9	2	7	8	4	6	3	5

113

2	4	5	3	6	8	7	1	9
8	9	7	4	1	2	3	5	6
1	6	3	9	7	5	2	4	8
5	8	4	2	3	6	9	7	1
7	2	9	8	4	1	5	6	3
3	1	6	5	9	7	8	2	4
4	7	2	1	8	3	6	9	5
9	5	8	6	2	4	1	3	7
6	3	1	7	5	9	4	8	2

114

7	9	3	5	6	1	2	8	4
6	1	8	4	3	2	7	5	9
4	5	2	9	7	8	3	6	1
3	7	9	1	5	6	8	4	2
1	8	4	2	9	7	5	3	6
2	6	5	3	8	4	9	1	7
9	3	6	7	1	5	4	2	8
5	4	1	8	2	9	6	7	3
8	2	7	6	4	3	1	9	5

115

2	1	6	5	7	4	9	8	3
8	3	4	9	2	1	7	5	6
9	5	7	8	6	3	2	1	4
3	9	5	2	1	6	4	7	8
6	7	1	4	5	8	3	2	9
4	2	8	3	9	7	5	6	1
5	6	2	1	4	9	8	3	7
7	8	9	6	3	5	1	4	2
1	4	3	7	8	2	6	9	5

116

5	3	7	4	2	9	1	8	6
9	6	8	1	3	5	2	4	7
1	2	4	8	6	7	3	5	9
3	1	5	7	4	6	8	9	2
4	8	9	2	5	1	6	7	3
2	7	6	3	9	8	5	1	4
6	5	1	9	7	2	4	3	8
8	9	3	6	1	4	7	2	5
7	4	2	5	8	3	9	6	1

117

4	2	6	5	7	9	8	1	3
7	1	8	3	4	2	9	6	5
3	5	9	6	8	1	7	4	2
2	8	7	4	6	5	3	9	1
9	3	4	1	2	7	5	8	6
5	6	1	9	3	8	4	2	7
6	7	2	8	5	4	1	3	9
1	4	3	7	9	6	2	5	8
8	9	5	2	1	3	6	7	4

118

3	7	5	4	1	6	8	2	9
4	2	1	8	9	5	6	3	7
6	8	9	7	2	3	1	5	4
7	5	3	1	4	8	2	9	6
2	9	4	6	5	7	3	1	8
8	1	6	2	3	9	7	4	5
9	3	7	5	6	1	4	8	2
5	6	2	3	8	4	9	7	1
1	4	8	9	7	2	5	6	3

119

3	2	5	1	8	6	9	7	4
1	9	4	7	2	3	5	6	8
8	6	7	9	4	5	1	2	3
9	5	2	8	6	7	3	4	1
4	3	8	5	1	2	7	9	6
7	1	6	3	9	4	8	5	2
2	7	3	6	5	8	4	1	9
5	4	9	2	3	1	6	8	7
6	8	1	4	7	9	2	3	5

120

2	9	4	7	1	3	8	5	6
7	1	8	5	4	6	2	9	3
3	5	6	2	9	8	1	4	7
1	4	3	9	2	5	7	6	8
5	6	7	4	8	1	9	3	2
9	8	2	3	6	7	4	1	5
4	7	9	6	3	2	5	8	1
8	3	5	1	7	9	6	2	4
6	2	1	8	5	4	3	7	9

121

2	3	5	1	4	8	7	6	9
4	9	8	7	3	6	5	1	2
7	1	6	2	9	5	8	3	4
8	7	3	6	1	4	9	2	5
6	2	9	5	7	3	4	8	1
5	4	1	8	2	9	6	7	3
3	5	7	4	6	1	2	9	8
9	8	2	3	5	7	1	4	6
1	6	4	9	8	2	3	5	7

122

9	5	4	3	7	2	6	8	1
1	7	3	8	4	6	5	2	9
6	8	2	1	9	5	3	4	7
7	3	8	6	2	9	1	5	4
4	2	9	5	1	8	7	3	6
5	1	6	7	3	4	2	9	8
2	4	1	9	5	7	8	6	3
8	9	7	2	6	3	4	1	5
3	6	5	4	8	1	9	7	2

123

2	1	4	7	3	5	6	8	9
9	6	3	2	1	8	4	7	5
7	8	5	9	4	6	2	1	3
3	5	1	4	6	2	8	9	7
4	9	2	3	8	7	1	5	6
6	7	8	1	5	9	3	2	4
1	2	6	5	7	4	9	3	8
5	4	9	8	2	3	7	6	1
8	3	7	6	9	1	5	4	2

124

3	2	7	1	6	9	4	8	5
4	9	1	8	3	5	2	7	6
8	5	6	4	2	7	3	9	1
7	3	4	9	1	8	5	6	2
9	1	2	5	4	6	7	3	8
6	8	5	3	7	2	9	1	4
1	7	8	2	9	4	6	5	3
5	4	9	6	8	3	1	2	7
2	6	3	7	5	1	8	4	9

125

4	5	1	7	3	8	6	9	2
7	9	2	6	1	4	5	3	8
6	3	8	9	2	5	4	1	7
8	1	9	3	5	7	2	6	4
5	4	7	2	6	9	3	8	1
2	6	3	4	8	1	9	7	5
3	2	5	8	7	6	1	4	9
9	8	6	1	4	2	7	5	3
1	7	4	5	9	3	8	2	6

126

3	9	1	8	4	7	6	5	2
6	4	7	1	5	2	8	3	9
8	5	2	3	6	9	1	7	4
1	2	9	5	7	6	4	8	3
4	6	8	2	9	3	5	1	7
5	7	3	4	1	8	2	9	6
7	1	5	6	3	4	9	2	8
2	3	6	9	8	5	7	4	1
9	8	4	7	2	1	3	6	5

127

9	3	7	2	4	5	6	8	1
6	4	8	1	3	7	9	5	2
2	5	1	9	6	8	7	3	4
4	9	3	8	7	1	2	6	5
8	2	6	4	5	3	1	9	7
7	1	5	6	9	2	3	4	8
3	7	9	5	2	4	8	1	6
5	8	2	3	1	6	4	7	9
1	6	4	7	8	9	5	2	3

128

5	2	1	7	9	4	3	6	8
7	8	6	3	5	2	9	1	4
3	9	4	1	6	8	7	5	2
2	1	8	5	7	6	4	9	3
6	3	9	4	2	1	5	8	7
4	5	7	8	3	9	1	2	6
1	6	2	9	4	7	8	3	5
9	4	3	6	8	5	2	7	1
8	7	5	2	1	3	6	4	9

129

5	6	2	1	3	8	9	7	4
9	7	3	4	6	2	1	5	8
4	1	8	7	9	5	2	6	3
7	4	5	8	2	3	6	9	1
3	9	6	5	7	1	4	8	2
2	8	1	9	4	6	7	3	5
6	5	4	3	1	7	8	2	9
8	2	9	6	5	4	3	1	7
1	3	7	2	8	9	5	4	6

130

5	9	6	1	8	7	2	4	3
1	7	4	6	3	2	9	5	8
2	3	8	9	5	4	1	7	6
8	2	1	7	6	5	4	3	9
3	4	5	8	2	9	6	1	7
9	6	7	4	1	3	8	2	5
7	1	9	5	4	6	3	8	2
6	8	3	2	7	1	5	9	4
4	5	2	3	9	8	7	6	1

131

7	6	8	1	2	4	3	5	9
5	9	2	8	3	6	7	4	1
1	4	3	9	5	7	6	2	8
6	3	1	4	7	8	2	9	5
2	7	5	3	1	9	4	8	6
4	8	9	2	6	5	1	3	7
3	5	6	7	8	2	9	1	4
9	1	7	5	4	3	8	6	2
8	2	4	6	9	1	5	7	3

132

5	1	6	3	7	4	9	2	8
3	9	4	6	8	2	5	7	1
8	7	2	9	1	5	3	4	6
4	2	1	7	5	6	8	3	9
6	5	8	4	3	9	2	1	7
9	3	7	8	2	1	4	6	5
2	8	3	5	6	7	1	9	4
7	4	5	1	9	3	6	8	2
1	6	9	2	4	8	7	5	3

133

2	4	3	8	6	9	5	7	1
7	8	9	1	5	2	3	4	6
1	5	6	7	3	4	9	2	8
6	2	7	4	9	1	8	3	5
3	9	8	5	2	6	4	1	7
4	1	5	3	7	8	6	9	2
9	6	4	2	1	5	7	8	3
5	7	2	9	8	3	1	6	4
8	3	1	6	4	7	2	5	9

134

4	5	3	2	9	6	1	8	7
1	8	6	4	5	7	9	2	3
7	2	9	1	8	3	4	6	5
6	4	8	9	3	5	2	7	1
3	9	7	8	2	1	5	4	6
2	1	5	7	6	4	8	3	9
8	6	4	5	7	9	3	1	2
5	3	2	6	1	8	7	9	4
9	7	1	3	4	2	6	5	8

135

6	4	2	5	7	3	9	8	1
7	9	5	8	6	1	2	4	3
8	1	3	4	9	2	5	7	6
4	7	9	2	5	6	3	1	8
2	3	1	7	8	9	6	5	4
5	8	6	3	1	4	7	9	2
3	5	7	6	4	8	1	2	9
9	6	8	1	2	7	4	3	5
1	2	4	9	3	5	8	6	7

136

4	3	1	8	9	2	6	7	5
7	6	8	4	1	5	3	2	9
9	2	5	3	6	7	4	1	8
8	5	4	7	3	1	2	9	6
2	7	6	9	5	4	1	8	3
3	1	9	6	2	8	7	5	4
1	4	7	5	8	3	9	6	2
5	9	3	2	7	6	8	4	1
6	8	2	1	4	9	5	3	7

137

5	4	9	2	6	3	7	1	8
2	1	3	8	7	9	4	5	6
7	6	8	1	4	5	2	3	9
6	9	4	5	2	1	3	8	7
3	8	5	7	9	4	1	6	2
1	7	2	3	8	6	5	9	4
4	3	6	9	5	2	8	7	1
9	5	7	4	1	8	6	2	3
8	2	1	6	3	7	9	4	5

138

6	8	5	7	2	1	3	9	4
2	9	1	6	4	3	8	7	5
4	3	7	8	9	5	2	1	6
3	5	8	9	7	4	1	6	2
7	1	4	2	5	6	9	8	3
9	6	2	3	1	8	4	5	7
5	7	9	4	8	2	6	3	1
8	4	3	1	6	7	5	2	9
1	2	6	5	3	9	7	4	8

139

9	4	7	6	8	2	1	5	3
3	8	2	1	7	5	4	9	6
6	5	1	3	4	9	7	2	8
1	3	6	4	2	8	5	7	9
5	2	4	9	6	7	3	8	1
7	9	8	5	3	1	6	4	2
8	7	3	2	5	6	9	1	4
2	6	9	7	1	4	8	3	5
4	1	5	8	9	3	2	6	7

140

6	8	9	4	2	3	5	7	1
5	3	1	7	6	8	4	9	2
4	2	7	5	9	1	3	6	8
8	7	2	3	5	6	1	4	9
1	6	4	2	8	9	7	3	5
3	9	5	1	7	4	2	8	6
2	5	8	6	3	7	9	1	4
9	1	3	8	4	2	6	5	7
7	4	6	9	1	5	8	2	3

141

3	4	8	7	9	1	5	2	6
2	7	1	3	6	5	8	9	4
5	9	6	4	2	8	7	1	3
8	2	4	6	3	9	1	7	5
6	3	9	5	1	7	4	8	2
1	5	7	8	4	2	6	3	9
4	1	3	9	8	6	2	5	7
7	6	2	1	5	3	9	4	8
9	8	5	2	7	4	3	6	1

142

2	8	5	1	9	7	6	4	3
1	7	4	5	3	6	8	9	2
3	9	6	8	4	2	1	7	5
8	5	3	2	7	9	4	6	1
6	2	7	4	5	1	9	3	8
4	1	9	6	8	3	5	2	7
5	6	8	7	2	4	3	1	9
9	4	2	3	1	5	7	8	6
7	3	1	9	6	8	2	5	4

143

1	2	4	9	6	8	5	7	3
6	3	8	7	5	4	9	2	1
5	9	7	1	3	2	8	6	4
2	4	1	3	8	5	6	9	7
3	8	5	6	7	9	1	4	2
7	6	9	2	4	1	3	5	8
4	1	3	5	9	7	2	8	6
9	7	2	8	1	6	4	3	5
8	5	6	4	2	3	7	1	9

144

4	9	2	1	5	6	7	3	8
5	6	3	7	9	8	2	1	4
7	8	1	4	3	2	9	6	5
3	2	4	5	6	7	8	9	1
8	1	6	9	2	4	5	7	3
9	7	5	8	1	3	6	4	2
2	3	8	6	7	1	4	5	9
1	5	7	2	4	9	3	8	6
6	4	9	3	8	5	1	2	7

145

7	2	5	1	6	8	3	9	4
1	3	9	5	2	4	8	7	6
8	6	4	3	9	7	1	2	5
3	1	6	9	7	5	2	4	8
9	5	8	4	3	2	7	6	1
4	7	2	8	1	6	9	5	3
6	9	1	7	5	3	4	8	2
2	8	7	6	4	1	5	3	9
5	4	3	2	8	9	6	1	7

146

4	2	9	3	1	6	8	5	7
6	5	1	8	7	9	4	2	3
3	7	8	4	2	5	6	1	9
1	8	2	9	5	4	7	3	6
5	9	3	7	6	2	1	4	8
7	4	6	1	3	8	5	9	2
8	6	5	2	9	1	3	7	4
9	3	4	5	8	7	2	6	1
2	1	7	6	4	3	9	8	5

147

9	2	3	8	1	4	6	7	5
8	7	4	9	5	6	2	1	3
6	5	1	2	7	3	8	9	4
2	1	5	3	8	7	4	6	9
4	9	6	1	2	5	3	8	7
3	8	7	4	6	9	5	2	1
5	4	2	7	9	8	1	3	6
1	3	9	6	4	2	7	5	8
7	6	8	5	3	1	9	4	2

148

4	1	2	8	7	9	6	5	3
9	3	8	6	1	5	7	2	4
6	5	7	3	2	4	9	8	1
1	7	3	5	4	6	8	9	2
5	9	4	2	8	7	3	1	6
2	8	6	1	9	3	5	4	7
7	2	1	9	6	8	4	3	5
8	6	5	4	3	1	2	7	9
3	4	9	7	5	2	1	6	8

149

5	2	3	4	1	8	7	6	9
8	6	7	5	9	3	4	2	1
4	9	1	7	6	2	5	8	3
6	3	5	1	2	7	8	9	4
1	7	8	9	4	5	6	3	2
9	4	2	8	3	6	1	7	5
3	5	6	2	7	1	9	4	8
2	1	9	6	8	4	3	5	7
7	8	4	3	5	9	2	1	6

150

3	4	5	9	1	8	6	7	2
1	7	6	3	5	2	9	4	8
9	2	8	4	7	6	3	1	5
8	9	3	7	2	4	1	5	6
6	1	4	8	3	5	7	2	9
7	5	2	1	6	9	8	3	4
4	3	9	5	8	7	2	6	1
5	6	7	2	9	1	4	8	3
2	8	1	6	4	3	5	9	7

151

5	8	1	4	3	7	9	6	2
4	2	7	1	6	9	5	8	3
9	3	6	5	2	8	4	1	7
6	7	5	3	8	4	2	9	1
8	1	4	2	9	5	3	7	6
3	9	2	6	7	1	8	5	4
1	4	9	7	5	3	6	2	8
7	6	8	9	4	2	1	3	5
2	5	3	8	1	6	7	4	9

152

2	3	1	7	8	9	5	6	4
7	5	6	1	4	3	9	8	2
8	9	4	5	6	2	7	1	3
9	6	8	2	7	4	3	5	1
3	4	5	8	9	1	2	7	6
1	7	2	6	3	5	8	4	9
4	8	3	9	1	7	6	2	5
5	1	7	3	2	6	4	9	8
6	2	9	4	5	8	1	3	7

153

4	7	2	6	8	5	3	9	1
6	5	1	4	3	9	2	7	8
3	9	8	2	7	1	6	5	4
1	2	9	7	6	4	8	3	5
7	4	6	3	5	8	9	1	2
8	3	5	9	1	2	7	4	6
9	1	7	5	2	6	4	8	3
5	6	3	8	4	7	1	2	9
2	8	4	1	9	3	5	6	7

154

8	7	1	9	2	4	3	6	5
2	3	4	5	6	1	8	9	7
9	6	5	8	3	7	2	4	1
1	8	6	2	5	9	7	3	4
5	2	3	4	7	6	1	8	9
7	4	9	1	8	3	5	2	6
3	1	7	6	4	2	9	5	8
4	5	2	7	9	8	6	1	3
6	9	8	3	1	5	4	7	2

155

4	8	7	2	3	1	6	5	9
6	2	5	4	9	7	1	8	3
1	9	3	6	8	5	4	2	7
8	4	2	3	7	6	9	1	5
3	7	1	8	5	9	2	6	4
5	6	9	1	4	2	3	7	8
2	5	4	9	6	8	7	3	1
9	1	8	7	2	3	5	4	6
7	3	6	5	1	4	8	9	2

156

8	7	4	5	2	9	1	6	3
1	3	5	6	7	8	2	9	4
6	9	2	4	1	3	7	8	5
2	4	8	7	9	5	3	1	6
3	5	9	8	6	1	4	2	7
7	1	6	2	3	4	8	5	9
4	2	3	1	5	6	9	7	8
9	6	1	3	8	7	5	4	2
5	8	7	9	4	2	6	3	1

157

4	5	6	3	8	1	7	9	2
7	1	8	2	5	9	3	4	6
3	2	9	4	7	6	1	5	8
9	7	3	6	2	8	5	1	4
6	4	2	5	1	3	9	8	7
5	8	1	9	4	7	6	2	3
8	6	5	1	3	2	4	7	9
2	9	4	7	6	5	8	3	1
1	3	7	8	9	4	2	6	5

158

2	3	4	6	5	1	8	9	7
8	5	6	9	7	3	4	2	1
9	1	7	2	4	8	3	5	6
5	7	8	3	1	2	9	6	4
3	4	9	5	6	7	1	8	2
1	6	2	8	9	4	5	7	3
4	2	1	7	8	5	6	3	9
7	9	5	4	3	6	2	1	8
6	8	3	1	2	9	7	4	5

159

5	3	7	9	1	8	4	6	2
1	4	2	6	3	7	8	9	5
6	8	9	2	5	4	1	7	3
9	7	1	8	2	5	3	4	6
8	2	5	3	4	6	9	1	7
3	6	4	1	7	9	5	2	8
4	1	3	7	8	2	6	5	9
2	9	8	5	6	1	7	3	4
7	5	6	4	9	3	2	8	1

160

7	9	6	1	2	4	5	8	3
3	1	4	5	8	6	7	9	2
5	8	2	3	9	7	4	1	6
6	4	8	2	3	9	1	5	7
9	5	7	6	4	1	3	2	8
1	2	3	7	5	8	6	4	9
4	6	1	8	7	2	9	3	5
8	3	9	4	6	5	2	7	1
2	7	5	9	1	3	8	6	4

161

9	2	1	8	4	6	3	5	7
4	3	8	7	5	9	1	2	6
7	5	6	1	3	2	4	9	8
3	1	7	4	9	8	2	6	5
2	8	5	3	6	7	9	4	1
6	4	9	2	1	5	7	8	3
1	6	3	9	8	4	5	7	2
8	9	2	5	7	1	6	3	4
5	7	4	6	2	3	8	1	9

162

9	7	1	5	3	6	2	4	8
2	8	4	9	1	7	5	6	3
5	3	6	2	4	8	9	7	1
4	2	7	3	5	9	8	1	6
6	9	8	4	7	1	3	2	5
3	1	5	8	6	2	4	9	7
8	6	2	7	9	3	1	5	4
7	4	9	1	8	5	6	3	2
1	5	3	6	2	4	7	8	9

163

2	9	1	7	8	3	5	4	6
3	8	4	5	6	1	2	7	9
5	6	7	2	4	9	1	8	3
8	5	9	1	2	7	3	6	4
7	2	6	4	3	8	9	5	1
1	4	3	9	5	6	7	2	8
6	1	2	3	7	4	8	9	5
4	3	5	8	9	2	6	1	7
9	7	8	6	1	5	4	3	2

164

3	4	5	1	7	2	8	9	6
7	9	1	8	4	6	5	2	3
8	2	6	9	5	3	4	7	1
6	3	4	2	8	5	7	1	9
5	1	8	6	9	7	3	4	2
2	7	9	4	3	1	6	5	8
1	5	7	3	2	8	9	6	4
9	8	2	5	6	4	1	3	7
4	6	3	7	1	9	2	8	5

165

6	1	5	7	9	2	4	3	8
7	2	3	5	4	8	1	9	6
9	4	8	1	6	3	7	2	5
5	6	4	3	7	9	2	8	1
8	9	1	4	2	5	6	7	3
3	7	2	6	8	1	9	5	4
4	5	6	2	3	7	8	1	9
1	8	7	9	5	6	3	4	2
2	3	9	8	1	4	5	6	7

166

9	1	8	2	6	3	4	7	5
7	3	5	9	8	4	2	1	6
2	4	6	1	7	5	9	8	3
5	6	4	8	1	2	7	3	9
3	8	7	5	4	9	1	6	2
1	2	9	7	3	6	5	4	8
4	7	2	6	5	8	3	9	1
8	9	1	3	2	7	6	5	4
6	5	3	4	9	1	8	2	7

167

1	7	8	6	3	9	4	2	5
4	2	3	5	7	8	1	6	9
6	9	5	1	2	4	7	8	3
2	1	6	9	8	3	5	7	4
7	3	4	2	6	5	9	1	8
8	5	9	4	1	7	2	3	6
3	4	2	7	9	6	8	5	1
5	8	1	3	4	2	6	9	7
9	6	7	8	5	1	3	4	2

168

8	2	9	5	1	4	3	7	6
5	6	3	2	8	7	1	4	9
7	1	4	6	3	9	5	2	8
1	9	5	4	6	8	2	3	7
2	7	6	3	5	1	8	9	4
3	4	8	7	9	2	6	1	5
6	5	2	9	4	3	7	8	1
9	8	7	1	2	5	4	6	3
4	3	1	8	7	6	9	5	2

169

1	3	5	6	9	2	4	8	7
6	8	7	4	5	1	9	2	3
9	2	4	3	8	7	6	5	1
3	9	6	8	2	5	7	1	4
7	5	2	9	1	4	8	3	6
4	1	8	7	3	6	5	9	2
2	6	1	5	7	9	3	4	8
8	7	9	2	4	3	1	6	5
5	4	3	1	6	8	2	7	9

170

4	9	2	3	7	5	6	1	8
7	6	8	1	4	9	5	2	3
3	5	1	8	2	6	7	4	9
1	2	7	4	6	3	9	8	5
5	4	6	7	9	8	1	3	2
9	8	3	5	1	2	4	7	6
6	7	9	2	8	1	3	5	4
8	1	5	6	3	4	2	9	7
2	3	4	9	5	7	8	6	1

171

9	2	1	6	4	8	3	7	5
4	8	7	5	9	3	1	6	2
3	5	6	1	7	2	8	9	4
5	3	2	8	6	7	4	1	9
8	1	9	3	5	4	7	2	6
7	6	4	2	1	9	5	8	3
2	4	5	7	8	6	9	3	1
6	9	8	4	3	1	2	5	7
1	7	3	9	2	5	6	4	8

172

1	3	2	9	8	7	6	4	5
4	7	6	5	1	2	3	8	9
5	8	9	4	3	6	7	2	1
2	9	3	1	6	5	8	7	4
8	4	7	2	9	3	1	5	6
6	1	5	7	4	8	9	3	2
7	2	1	3	5	9	4	6	8
3	6	4	8	2	1	5	9	7
9	5	8	6	7	4	2	1	3

173

3	2	6	1	5	9	4	7	8
1	5	8	3	4	7	2	6	9
4	9	7	6	2	8	1	5	3
7	6	2	8	1	5	3	9	4
8	4	5	9	7	3	6	1	2
9	1	3	4	6	2	7	8	5
2	7	9	5	3	1	8	4	6
5	3	4	7	8	6	9	2	1
6	8	1	2	9	4	5	3	7

174

3	2	1	9	6	8	4	7	5
9	8	6	7	5	4	2	1	3
4	7	5	2	1	3	9	6	8
2	1	4	8	7	6	3	5	9
6	9	3	5	2	1	7	8	4
7	5	8	4	3	9	6	2	1
1	4	9	6	8	2	5	3	7
8	6	7	3	4	5	1	9	2
5	3	2	1	9	7	8	4	6

175

1	7	8	3	5	9	4	6	2
2	9	5	8	6	4	7	1	3
3	4	6	7	1	2	8	5	9
7	2	3	6	4	8	1	9	5
6	1	4	9	3	5	2	7	8
8	5	9	2	7	1	6	3	4
5	8	7	4	9	6	3	2	1
4	6	1	5	2	3	9	8	7
9	3	2	1	8	7	5	4	6

176

1	4	3	2	7	8	6	9	5
9	6	7	5	3	1	8	2	4
5	8	2	4	9	6	1	7	3
4	3	5	1	6	7	2	8	9
8	2	1	9	5	3	4	6	7
7	9	6	8	4	2	5	3	1
2	7	4	3	8	5	9	1	6
6	1	9	7	2	4	3	5	8
3	5	8	6	1	9	7	4	2

177

5	4	3	2	9	1	7	8	6
6	1	7	8	4	5	2	3	9
8	2	9	3	6	7	5	1	4
2	7	6	5	1	4	8	9	3
3	5	4	9	2	8	1	6	7
9	8	1	6	7	3	4	5	2
1	3	2	4	5	6	9	7	8
4	6	5	7	8	9	3	2	1
7	9	8	1	3	2	6	4	5

178

6	9	5	3	4	1	2	8	7
3	4	7	9	8	2	1	6	5
1	8	2	5	7	6	3	4	9
2	5	3	8	6	7	9	1	4
9	7	6	1	3	4	5	2	8
4	1	8	2	5	9	7	3	6
8	3	4	7	2	5	6	9	1
7	2	9	6	1	8	4	5	3
5	6	1	4	9	3	8	7	2

179

1	9	4	3	8	6	5	2	7
6	5	7	4	2	9	3	1	8
3	8	2	1	5	7	6	4	9
9	3	1	2	6	8	7	5	4
8	2	6	7	4	5	9	3	1
7	4	5	9	3	1	8	6	2
2	6	3	8	9	4	1	7	5
4	7	8	5	1	3	2	9	6
5	1	9	6	7	2	4	8	3

180

2	8	1	7	4	6	3	5	9
7	5	9	1	3	8	4	2	6
4	3	6	5	9	2	1	8	7
9	2	5	4	6	1	7	3	8
6	4	8	3	5	7	2	9	1
1	7	3	2	8	9	6	4	5
5	1	7	8	2	4	9	6	3
3	9	2	6	1	5	8	7	4
8	6	4	9	7	3	5	1	2

181

8	5	2	3	1	9	4	6	7
1	3	9	4	6	7	8	2	5
7	4	6	8	5	2	3	1	9
5	9	8	7	2	3	1	4	6
3	6	1	9	4	5	7	8	2
4	2	7	1	8	6	9	5	3
9	1	5	6	3	8	2	7	4
6	7	4	2	9	1	5	3	8
2	8	3	5	7	4	6	9	1

182

7	3	1	6	2	9	4	5	8
5	8	2	7	4	3	9	1	6
9	6	4	5	8	1	7	2	3
4	7	8	3	6	2	1	9	5
2	9	3	1	5	4	8	6	7
1	5	6	9	7	8	3	4	2
3	1	7	2	9	5	6	8	4
8	2	9	4	3	6	5	7	1
6	4	5	8	1	7	2	3	9

183

5	7	1	9	4	2	8	6	3
2	6	4	3	8	7	5	9	1
3	9	8	1	5	6	2	4	7
7	4	2	8	6	9	3	1	5
1	5	6	7	2	3	9	8	4
9	8	3	4	1	5	7	2	6
4	1	7	5	9	8	6	3	2
6	3	9	2	7	4	1	5	8
8	2	5	6	3	1	4	7	9

184

1	7	8	6	4	3	5	2	9
2	5	4	9	7	1	3	8	6
3	6	9	2	8	5	1	4	7
8	2	6	3	9	4	7	5	1
4	3	7	5	1	6	8	9	2
5	9	1	8	2	7	4	6	3
7	8	3	4	6	9	2	1	5
9	1	2	7	5	8	6	3	4
6	4	5	1	3	2	9	7	8

185

1	3	6	7	2	5	8	9	4
4	2	8	9	3	6	5	1	7
5	7	9	1	4	8	2	3	6
3	9	2	4	5	7	1	6	8
7	8	4	2	6	1	3	5	9
6	5	1	3	8	9	7	4	2
2	6	3	5	7	4	9	8	1
9	4	5	8	1	2	6	7	3
8	1	7	6	9	3	4	2	5

186

9	8	2	6	7	1	4	3	5
5	7	3	4	8	9	2	1	6
6	1	4	5	3	2	7	9	8
4	5	8	1	9	6	3	7	2
7	6	9	8	2	3	5	4	1
2	3	1	7	4	5	8	6	9
1	4	7	2	6	8	9	5	3
8	9	5	3	1	4	6	2	7
3	2	6	9	5	7	1	8	4

187

4	2	9	7	1	8	5	6	3
3	1	7	5	6	2	9	8	4
5	8	6	9	4	3	2	1	7
2	9	1	6	7	5	4	3	8
8	6	4	3	9	1	7	5	2
7	5	3	8	2	4	6	9	1
9	4	8	1	5	7	3	2	6
6	3	2	4	8	9	1	7	5
1	7	5	2	3	6	8	4	9

188

8	5	7	6	2	1	4	3	9
3	1	9	4	8	5	7	6	2
4	6	2	7	3	9	1	8	5
5	2	8	9	1	7	3	4	6
7	9	1	3	4	6	5	2	8
6	4	3	2	5	8	9	7	1
2	7	5	1	6	4	8	9	3
9	8	6	5	7	3	2	1	4
1	3	4	8	9	2	6	5	7

189

9	6	1	2	3	8	7	4	5
5	4	8	7	1	6	2	3	9
7	2	3	5	4	9	1	6	8
3	8	9	4	7	2	6	5	1
6	5	7	9	8	1	4	2	3
2	1	4	3	6	5	8	9	7
4	9	5	1	2	7	3	8	6
8	7	2	6	5	3	9	1	4
1	3	6	8	9	4	5	7	2

190

2	9	8	7	6	3	5	1	4
6	1	3	4	9	5	7	2	8
7	5	4	1	2	8	6	9	3
3	2	9	5	8	6	4	7	1
5	6	7	2	4	1	8	3	9
8	4	1	3	7	9	2	6	5
9	7	5	6	3	4	1	8	2
1	3	2	8	5	7	9	4	6
4	8	6	9	1	2	3	5	7

191

8	4	2	1	3	9	6	5	7
1	5	7	8	6	4	3	2	9
6	3	9	7	5	2	1	8	4
7	1	4	2	8	3	5	9	6
2	6	3	5	9	1	4	7	8
9	8	5	6	4	7	2	3	1
4	2	1	9	7	5	8	6	3
5	7	6	3	1	8	9	4	2
3	9	8	4	2	6	7	1	5

192

3	2	7	9	4	5	6	8	1
9	8	1	3	6	2	7	4	5
4	5	6	7	8	1	9	3	2
7	4	2	8	5	3	1	9	6
5	6	9	1	2	4	8	7	3
1	3	8	6	7	9	2	5	4
6	7	4	2	3	8	5	1	9
8	9	5	4	1	6	3	2	7
2	1	3	5	9	7	4	6	8

초판 1쇄 발행 2026년 3월 10일

지은이 다온북스 편집부 엮음
발행인 곽철식

마케팅 박미애
펴낸곳 다온북스
인쇄 영신사

출판등록 2011년 8월 18일 제311-2011-44호
주소 경기도 고양시 덕양구 향동동391 향동dmc플렉스데시앙 ka1504호
전화 02-332-4972 팩스 02-332-4872
전자우편 daonb@naver.com

ISBN 979-11-24392-00-3 12690